AF196869

Democracy is government
- of the people
- by the people
- for the people
(Abraham Lincoln)

Gewidmet …   Erhard Otto Müller (+) und

… allen Menschen guten Willens, die eine souve-
räne und sozial gerechte Demokratie anstreben!

Joachim Sikora (Hg.)

Vision-Reader II

Von der Vision zur Deutschen Verfassung

www.tredition.de

© 2012 Joachim Sikora (Hg.)
1. Auflage

Verlag: tredition GmbH, Hamburg
ISBN: 978-3-8491-1747-4
Printed in Germany

Das Werk, einschließlich seiner Teile, ist urheberrechtlich geschützt. Jede Verwertung ist ohne Zustimmung des Verlages und des Autors unzulässig. Dies gilt insbesondere für die elektronische oder sonstige Vervielfältigung, Übersetzung, Verbreitung und öffentliche Zugänglichmachung.

Bibliografische Information der Deutschen Nationalbibliothek:
Die Deutsche Nationalbibliothek verzeichnet diese Publikation in der Deutschen Nationalbibliografie; detaillierte bibliografische Daten sind im Internet über http://dnb.d-nb.de abrufbar.

5

POLITIK

ANHANG

Hinführung

Im Mai 2004 habe ich den „Vision-Reader – Von der gesellschaftlichen Vision zur politischen Programmatik" (jetzt Band I) herausgegeben. Nach einer Analyse der modernen Mythen (Mythos Marktwirtschaft, Mythos Geld, Mythos Demokratie) widmete sich diese Veröffentlichung der „gesellschaftlichen Bedeutung von Visionen", um dann 13 Visions-Entwürfe konkret vorzustellen (das genaue Inhaltsverzeichnis befindet sich im ‚Anhang' dieses Buches).

In diesem Band II werden 16 weitere „Visionen" hinzugefügt. In den europäischen Gesellschaften werden viele neue, kreative, innovative und zukunftsweisende politische Alternativen entwickelt, die jedoch (offensichtlich) keinen Eingang in die von den Parteien bestimmte politische Diskussion finden.

Deshalb sei an dieser Stelle noch einmal zu einem gesellschaftlichen Architektur-Wettbewerb aufgerufen. Dieser kann offensichtlich nur in der Zivilgesellschaft erfolgen. Eine Initiative der „Aktion Mensch" – veröffentlicht unter www.diegesellschafter.de – stand unter der Leitfrage: *In was für einer Gesellschaft wollen wir leben?* Mit dieser Frage startete die „Aktion Mensch" im März 2006 die Gesellschafter-Initiative. Seitdem haben fast eine Million Menschen die Internetseiten dieGesellschafter.de besucht. Ihre Antworten und Diskussionsbeiträge würden ausgedruckt mehr als 10.000 Buchseiten füllen. Nach fast fünf Jahren – fand die „Aktion Mensch" - ist Zeit für Neues. Das Gesellschafter-Projekt wurde eingestellt.

Doch vieles, was während des Projektes entstanden ist, blieb. So wird die Freiwilligendatenbank (eine hervorragende Fundstelle!) weitergeführt, mit Initiativen, Verbänden und Projekten, die ehrenamtliche Unterstützer suchen.

Leider wurde das Projekt nicht genutzt, um weiterführende Initiativen zu starten – oder gar zu einem Architektur-Wettbewerb einzuladen. Auch das von (Alt-)Bundespräsident Christian Wulff gestartete „BürgerForum 2011", einem bundesweiten Bürgerbeteiligungsprojekt, konzentrierte sich nur auf das Thema des gesellschaftlichen Zusammenhaltes. Die Teilnehmenden entwickelten und diskutierten ihre Ideen in Eigenregie. In den Ergebnissen der mehrwöchigen Arbeit wurden die Erfahrungen und Meinungen einer vielschichtigen Teilnehmerschaft zu konkreten Vorschlägen für Politik und Gesellschaft gebündelt. Einer begrüßenswerten Vorgehensweise, doch fehlte offensichtlich auch hier der Mut zu einem weitergespannten Rahmen.

Also wollen wir es mit diesem Band II erneut wagen, eine solche Diskussion anzustoßen.

Während meines Studiums der Volkswirtschaft an der Freien Universität Berlin (lang ist es her!) war ich häufig am Otto-Suhr-Institut für politische Wissenschaften, um dort Ossip K. Flechtheim und seine Überlegungen zur „Futurologie" zu hören. Seitdem sammele und studiere ich die zukunftswissenschaftliche Literatur; sie füllt mehrere Fächer in meinem Bücherregal. Seit Jahren lese ich „Pro Zukunft", den Navigator durch die aktuellen Zukunftspublikationen der Robert-Jungk-Stiftung in Salzburg. Da werden fundierte Analysen und engagierte Prognosen vorgelegt, auch interessante und weitreichende Lösungsvorschläge unterbreitet.

Was fehlt? Das sind die Bürgerinnen und Bürger, die sich zu einer Bewegung zusammenfinden, mit dem Ziel Vorschläge auf folgende Fragen zu erarbeiten:

- In welcher ‚Verfassung' möchte ich leben?
- Welche Inhalte sollen aus dem Grundgesetz übernommen werden?
- Welche Themen müssten NEU in eine Verfassung aufgenommen werden?

Diese Anregungen dann zu gewichten, zu bündeln und in einen Verfassungsentwurf als Diskussionsgrundlage einfließen zu lassen. Die „Initiative Verfassungskonvent" hat diese Fragen im Rahmen der „querdenken-Akademie 2012" gestellt; in einem ersten Beitrag fasst Josef Hülkenberg die Ergebnisse zusammen.

Im ersten Teil dieses Buches werden vor allem wirtschaftlich relevante Visionen vorgestellt, die das Thema Nachhaltigkeit und Postwachstums-ökonomie aufgreifen; des Weiteren geht es um eine Alternative zur sog. „Sozialen Marktwirtschaft", die Gemeinwohl-Ökonomie. Es folgen Über-legungen zu einem alternativen Bankenkonzept und einer Geldreform, die die Geldschöpfung von baren wie unbaren Zahlungsmitteln an die Bundesbank bindet.

Nach der Begründung „Warum Regional?" folgen zwei Beiträge zum Thema „Soziale Sicherung".

Der Schwerpunkt dieses „Readers" liegt jedoch auf der Politik, und hier wiederum auf Überlegungen, wie eine künftige Deutsche Verfassung gestaltet sein könnte. In sechs „Visionen" werden unterschiedliche An-sätze vorgestellt.

Ein umfangreicher Anhang ergänzt die Visionen um wichtige Hinweise und Verweise.

Es ist ein einzigartiges Experiment, das Island gerade zum politischen Labor Europas macht. Das kleine Land, das nur etwa 320.000 Einwohner zählt, hat einen Verfassungsrat aus der Mitte seiner Bürger gewählt. Wenn der Entwurf des Rates tatsächlich zur neuen Verfassung Islands werden sollte, könnte das Projekt ein Vorbild für partizipative Demokra-tie in Europa sein - auch für Deutschland.

Der neoliberale Kurs der regierenden Unabhängigkeitspartei hatte 2001 eine Bankenprivatisierung zur Folge. Die Geldinstitute Kaupthing, Landsbanki und Glitnir wurden von jungen, aufstrebenden Banken über-nommen - zunächst mit Erfolg. Der Kurs der Isländischen Krone stieg, die Importe wurden so günstig wie nie zuvor, die Ratingagenturen waren begeisterte Fans des Inselstaates. Selbst als das Haushaltsdefizit des In-selstaates schon auf 213 Prozent des Bruttoinlandproduktes angestiegen war, gab es noch Bestnoten.

Doch von der Wirtschafts- und Finanzkrise wurde Island als Erstes er-wischt: Die drei größten Banken des Landes konnten 2008 ihre Schulden nicht mehr bezahlen, die Isländische Krone verlor 40 Prozent ihres Wertes und die ausländischen Schulden der Banken verdoppelten sich fast über Nacht. Viele Isländer verloren ihre Arbeit, andere fürchteten, sie zu verlieren. Sie fühlten sich hilflos. Aus der Hilflosigkeit wurde schließlich Wut. Auf die Regierung, die wichtige Entscheidungen im stillen Kämmerlein traf. Auf den Chef der Nationalbank, der mit drinsteckte. Darauf, dass die Mächtigen zu viel Macht besaßen.

Wie machte man in Island seiner Wut Luft? Manche griffen zu Küchengeräten: Mit Töpfen, Pfannen und Kochlöffeln bewaffnet zogen Tausende Isländer zur Nationalbank in Reykjavik und forderten nicht nur den Rücktritt des Nationalbankchefs, sondern auch den des konservativen Premierministers Geir Haarde von der Unabhängigkeitspartei. Und: Eine neue Verfassung sollte her - eine, die so eine Katastrophe verhindern könne. Zu lange schon habe man mit einer Übergangslösung gelebt.

Und tatsächlich: Die neue sozialdemokratische Premierministerin Jóhanna Sigurðardóttir war der Meinung, dass es Zeit war, den Übergang zu beenden. Sie führte seit Februar 2009 die Übergangsregierung nach dem Rücktritt Haardes. Und sie kündigte an, sich für eine neue Verfassung einzusetzen. Aber nicht irgendwie. Sondern durch ein Bürgergremium. Die Bürger sollten es wählen und sie sollten es auch sein, die in dem Rat eine neue Verfassung erarbeiten sollten. Bei den Neuwahlen im April 2009 gewann die Sozialdemokratin. Als eine ihrer ersten Amtshandlungen reichte sie den Gesetzesentwurf für einen Verfassungsrat ein.

Im November 2010 begann das spannende Projekt: Die Isländer durften zu den Urnen – knapp 36 % der Wahlbeteiligten gingen auch. Aus den 525 Kandidaten hatten die Isländer 25 Ratsmänner und -frauen auserkoren. Seit Juli 2011 liegt der fertige Entwurf nun dem Parlament vor. Passiert ist seitdem nicht viel. Zuletzt war der 12. Oktober als Datum für einen ratgebenden Volksentscheid im Gespräch. Das Parlament will erst noch einmal von den Bürgern hören, ob es mit dem Entwurf einverstanden ist. Erst dann will es ihn verabschieden.

Doch wenn die neue Verfassung Islands eine parlamentarische Mehrheit und die Anerkennung des Volkes bekommt, könnte von der kleinen Insel eine Diskussion um partizipative Demokratie in ganz Europa ausgehen. (siehe: Mirjam Moll in: süddeutsche.de vom 16.05.12)

Dabei wurde das Internet intensiv als Instrument genutzt. „Crowdsourcing" heißt das genutzte Medium, um die „Weisheit der Vielen" (James Surowiecki) zu nutzen.

Und wer könnte einen solchen Prozess hierzulande organisieren? Aus meiner Sicht: Attac-Deutschland! Vielleicht greift man dort diesen Vorschlag auf. Und selbstverständlich die „Aktion: Miteinander in guter ‚Verfassung' leben" der „Initiative Verfassungskonvent".

Ein besonderer Dank gilt den Autoren, die mir Texte zur Veröffentlichung zur Verfügung gestellt haben.

Dieser Band II ist unter der intensiven Mitarbeit von aktiven Freundinnen und Freunden von attac - Rhein-Sieg, der Teilnehmerinnen und Teilnehmern von „querdenken 2012" in Bad Honnef – hier ist besonders Dr. Reinhard Stransfeld zu nennen -, des KO-Teams und insbesondere von Josef Hülkenberg entstanden. Ein besonderer Dank gilt Frau Marie-Sophie Dumoulin, die dieses Manuskript sorgfältig überarbeitet hat.

Ihnen/Euch allen meinen herzlichen Dank.

Joachim Sikora
Troisdorf, im September 2012

Erwartungen an eine Deutsche Verfassung

In der Schweiz wurde im Frühjahr 2012 eine eidgenössische Volksinitiative „Für ein bedingungsloses Grundeinkommen" (www.bedingungslos.ch) gestartet. Dazu soll die Bundesverfassung der Schweiz vom April 1999 wie folgt geändert werden:

Art. 110a (neu) Bedingungsloses Grundeinkommen
1. Der Bund sorgt für die Einführung eines bedingungslosen Grundeinkommens.
2. Das Grundeinkommen soll der ganzen Bevölkerung ein menschenwürdiges Dasein und die Teilnahme am öffentlichen Leben ermöglichen. 3. Das Gesetz regelt insbesondere die Finanzierung und die Höhe des Grundeinkommens.

Würden Sie das auch als Forderung an eine künftige Deutsche Verfassung formulieren? Und welche Themen gehören noch – nach Ihrer Überzeugung – in eine Verfassung? Wir haben diese Fragen im Rahmen der „querdenken 2012 – Akademie" gestellt; Josef Hülkenberg hat die Ergebnisse zusammengefasst.

Erste Erfahrungen zum Bürgerdialog "In guter Verfassung miteinander leben" von Josef Hülkenberg

Es geht um Herrschaft, um Macht und Herrschaft.

Wer hat die Herrschaft, wie darf sie ausgeübt werden, was darf der Untertan, dass untertänige Volk? Wann geht was das Volk an, wann ist etwas Sache der Regierung? Welche Fragen und deren Entscheidungen sind "Sache des Volkes" – res publica?

Als hätte sich das Anliegen seit 2500 Jahren nicht geändert! Die Themen und Fragen waren nicht immer gleich; unterm Strich brachten sie die geschichtliche Einsicht: Je aufgeklärter, gebildeter und eigenwilliger das Volk ist, umso mehr Themen fordert es als res publica ein und begrenzt die Macht der Herrschenden. Darüber wurden Absprachen getroffen, Verträge geschlossen.

Zwischen Herrscher und Volk entstanden Verfassungen als Vertragswerke über die gegenseitigen Rechte, Ansprüche und Pflichten.

Auch moderne republikanische Verfassungen sind noch immer Verträge zwischen zwei Gruppierungen, dem Staat und seiner Regierung einerseits, und dem Volk mit seinen Bürgern andererseits. Auch das Recht des Volkes auf die Wahl seiner Regierung ist weiterhin Teil dieser Gegensetzlichkeit.

Doch geschlossene Verträge haben etwas Statisches. So zogen und ziehen Verfassungen schon kurz nach Verkündung die Frage nach „Verfassung und Verfassungswirklichkeit" nach sich.

Müsste nicht, sollte nicht dieses oder jenes Thema in die Verfassung aufgenommen werden?

Beeindruckend und bezeichnend schon heute die Vielfalt und Breite der von engagierten Bürgern aufgeworfenen Themen und Fragen zu einer Deutschen Verfassung:

- ❖ Eigenverantwortung stärken, zulassen, auffordern zu...
- ❖ Beweislastumkehr bei „systemrelevanten" Funktionsträgern,
- ❖ Vertragsstrafen beim Bruch von Wahlversprechen (plus „Ächtung"),
- ❖ Akkumulationsbegrenzung von Vermögen,
- ❖ neues Wertesystem anregen,
- ❖ Daseinsvorsorge, Arbeit, Rente, Bildung, Gesundheit, Wasser und Infrastruktur: Der Staat soll erstarken.
- ❖ Verantwortlich werden, statt Milliarden an die Banken zu geben,
- ❖ Umwelt und Naturschutz,
- ❖ Recht auf Arbeit,
- ❖ Asylrecht wiederherstellen,
- ❖ Bürgerbegehren und Volksabstimmungen als zentrales demokratisches Instrument installieren,

- ❖ Subsidiaritätsprinzip: z.b. Autonomie der Kommunen,
- ❖ Direktwahl der Fachausschüsse und Fachminister,
- ❖ Existenzsicherung des Bürgers durch Infrastruktur in Bürgerhand (Allmenderecht)
- ❖ Einbindung aller Gesellschaftssphären in die Verfassung,
- ❖ Kinderrechte (z.b. Kinderwahlrecht),
- ❖ Globalisierungsproblematik,
- ❖ (bedingungsloses) Grundeinkommen,
- ❖ Erhaltung von Umwelt und Natur,
- ❖ Autonomie, Autarkie, Abgrenzung,
- ❖ Volksbegehren und Volksentscheid,
- ❖ Transparenz = Bürgereinsicht in alle staatlichen Daten, sofern kein Gesetz dem entgegensteht (wie in Schweden),
- ❖ Geldsystem als Infrastruktur-Element in Staatshoheit einbinden,
- ❖ das Recht auf Arbeit und den dazu nötigen Zugriff auf Produktions- und Arbeitsmittel verankern,
- ❖ Geld-Schöpfung als öffentliche Aufgabe,
- ❖ „Eigentumsrecht" ethisch verantwortlich definieren,
- ❖ Gleichberechtigung für alle! Unabhängig von: Alter, Geschlecht, körperlich-psychisch-geistiger Verfassung, Religion, Nationalität,
- ❖ Verbot arbeitsloser Einkünfte durch unberechtigte Abschöpfung des Mehrwertes (Profitverbot),
- ❖ Verbraucherrechte,
- ❖ Verantwortung aller für das Gemeinwohl,
- ❖ kein Einfluss von Lobbyisten auf die Politik,
- ❖ unantastbare Würde des Menschen,
- ❖ Wirtschaftsverfassung,
- ❖ Gemeinschafts-Eigentum an Grund und Boden mit Ausnahmen für persönliche Nutzung,
- ❖ Haftung der Politiker für ihre Taten,
- ❖ Gerechtigkeit,
- ❖ Festlegung der Wege von politischer Willensbildung zur sachgerechten, demokratischen Entscheidung,
- ❖ Definitionspflicht des Parlamentes zur Auslegung der Grundrechte (nicht das Bundesverfassungsgericht),

- ❖ Geld und Finanzhoheit liegt beim Staat,
- ❖ Recht auf eine vollständigere Verfassung,
- ❖ bedingungsloses oder tätigkeitsbasiertes Grundeinkommen,
- ❖ die Salutogenese,
- ❖ die 'Gemeinwohlökonomie' anstelle der „Neuen Sozialen Marktwirtschaft",
- ❖ der Schutz der natürlichen Lebensgrundlagen,
- ❖ neues Geld- und Finanzsystem,
- ❖ Grund und Boden,
- ❖ neues Bildungssystem,
- ❖ Anerkennung aller dem Gemeinwohl dienenden Tätigkeiten als gleichwertig (Tätigkeitsgesellschaft),
- ❖ der Generationenvertrag,
- ❖ die Rechte der Frau und des Kindes,
- ❖ Regionalisierung und Dezentralisierung,
- ❖ Abschaffung der Bundesländer?
- ❖ Datenschutz,
- ❖ Migration,
- ❖ Medien,
- ❖ Rolle der Parteien,
- ❖ Steuersystem,
- ❖ Gemeineigentum / Allmende,
- ❖ Berufsbeamtentum?
- ❖ Bruttosozialglück,
- ❖ Europäische Integration / Verfassung / Demokratische Ordnung,
- ❖ Rechtsstaat (fehlt überraschenderweise im GG),
- ❖ das Sozialstaatsprinzip.

Schon die ersten Themensammlungen belegen: Verfassungsfragen sind Lebensfragen, die Antworten auf die Grundsatzfrage geben: **In welcher Gesellschaft wollen wir leben?**

So soll „Verfassung" Ausdruck des politischen Willens des Volkes sein, in der die äußere Form des Staates mit demokratischer und politischer Substanz gefüllt wird.

Die nähere Betrachtung solcher „Wunschlisten" macht zudem deutlich, dass Verfassungen im bisherigen Konzept des „gegenseitigen Vertrages" dem nicht gerecht werden können.

> Die res publica umfassen das gesamte gesellschaftliche Leben, heben den Gegensatz von Staat und Volk auf: Staat ist „Volk in Rechtsform"!
> Verfassung wird zum „Vertrag der Selbstbindung", Ausdruck der Selbstbeherrschung und Selbstregulierung des Volkes.
> Organe staatlicher Ordnung haben dieser Selbstregulierung zu dienen.

Die Fülle der in der Zeit wandelbaren Sachfragen überfordert jedwede Verfassung. Nur wenige, grundlegende Elemente sind festzulegen (Grundrechte), dazu aber die „Spielregeln" zu definieren, wie die Sachthemen von der Willensbildung im Volk zur parlamentarischen Entscheidung bei demokratischer Kontrolle zu führen sind.

Schon die bisherige Themenfülle zeigt: Alle Entwicklungen im sozialen Miteinander des Volkes sind res publica. Moderne republikanische Verfassung ist ein systemisches Konzept der Selbstregulation des Volkes. Daran werden wir zu arbeiten haben.

Liebe Leserinnen und Leser des „Vision-Reader II"

dürfen wir Sie um Ihre Mitarbeit bitten?!
Wir sind dabei, Argumente für **die Ablösung des Grundgesetzes durch eine Verfassung** zusammenzustellen; würden Sie uns dabei unterstützen, indem Sie uns die für Sie relevanten Argumente benennen!?
Die Ablösung des GG durch eine Verfassung ist notwendig, weil:
- „ ... es ein alter und guter Brauch ist, dass eine Verfassung durch das Volk sanktioniert werden muss" (Prof. Carlo Schmid am 8. Mai 1949 vor dem Parlamentarischen Rat);
- „ ... wir (mit dem GG) nur einen Schuppen, einen Notbau (haben) und dem gibt man nicht die Weihe, die dem festen Haus gebührt." (Prof. Carlo Schmid am 08. Mai 1949 vor dem Parlamentarischen Rat);
- das GG als Provisorium gedacht war, um - wie die Präambel wörtlich formulierte – „dem staatlichen Leben für eine Übergangszeit eine neue Ordnung zu geben";
- wir uns erst nach der Überwindung der Teilung eine Verfassung geben konnten;
- das Grundgesetz nach wie vor den Auftrag zur Verfassungsgebung enthält;
- der Artikel 146 GG unmissverständlich zum Ausdruck bringt, dass eine „Verfassung" nur „von dem deutschen Volk" selbst in „freier Entscheidung" beschlossen werden kann;
- der Anspruch des Grundgesetzes, aus der verfassungsgebenden Gewalt des Volkes hervorzugehen, mit dem Beitritt der neuen Ländern (1990) zum Grundgesetz nicht „erfüllt" wurde (wie es der „Einigungsvertrag" behauptet;
- durch den Beitritt der DDR sich der Verfassungsauftrag nicht erübrigt hat, sondern er dadurch überhaupt erst möglich - und nötig! – geworden ist;
- es unrichtig und unzulässig ist, das im Grundgesetz vorgesehene Verfahren der Verfassungsgebung durch das Volk nach Art. 146 GG auf das ganz andere, für die Änderung des Grundgesetzes durch die Organe der verfassten Gewalt vorgeschriebene Verfahren (Artikel 79 GG) zu reduzieren;
- beide Regelungen völlig verschiedene Gegenstände, verschiedene Sub-

jekte und dementsprechend verschiedene Verfahrensweisen und Quoren enthalten;
- Verfassungen Angelegenheiten des Volkes sind;
- eine Verfassung Ausdruck des politischen Willens der Bevölkerung sein soll;
- in der Verfassung das Bemühen um die gemeinsame Gestaltung der Gegenwart und Zukunft Ansatz und Ausdruck findet;
- durch sie die äußere Form des Staates mit demokratischer und politischer Substanz gefüllt wird;
- Verfassungsfragen Lebensfragen sind, die Antworten auf die Grundsatzfrage geben: **In welcher Gesellschaft wollen wir leben?**
- die Verfassung den Rahmen definiert, innerhalb dessen wir alle leben und unser Zusammenleben gestalten und entwickeln wollen;
- die Verfassung oft der letzte Schutz gegen Machtmissbrauch und unzulässige Beschneidung der Freiheit ist;
- das GG sich in den zurückliegenden (über) 60 Jahren zwar bewährt hat, aber es nicht die großen Aufgaben löst, die jetzt, beim Zusammenwachsen Europas und beim Eintritt in ein neues weltpolitisches Zeitalter vor uns liegen;
- die Mütter und Väter des GG eine Vielzahl von Themen und Problemen überhaupt noch nicht kannten und demzufolge auch nicht berücksichtigen konnten;
- die Art und Weise, wie wir DEMOKRATIE praktizieren - insbesondere in der Parteien-Oligarchie - nicht nur zur „Verdrossenheit" führt, sondern zu einer immer größeren Zahl von Mitbürgerinnen und -bürgern, die sich resigniert und desinteressiert zurückziehen;
- das politische System offensichtlich nicht mehr zu Reformen fähig ist; was wir seit Jahrzehnten erleben, ist eine zunehmende „Verschlimmbesserung" anstelle wirklicher Verbesserungen;
- die Politik, so wie sie gegenwärtig praktiziert wird, sich gegen die Menschen richtet und fast ausschließlich der Ökonomie dient;
- zentrale Werte unseres gesellschaftlichen Miteinanders missachtet und der ökonomischen Verwertung geopfert werden;
- soziale und kulturelle Errungenschaften unseres Volkes globalen ökonomischen Spekulationen geopfert, Versorgungseinrichtungen und Infra-

strukturen veräußert und immer mehr Menschen in prekäre Lebensverhältnisse gedrängt werden;
- mit dem zur Entscheidung anstehenden Europäischen Stabilitätsmechanismus (ESM) nicht nur astronomische Geldsummen an Banken übertragen, sondern zugleich demokratische Rechte und Strukturen ausgehebelt werden;
- sozialethische Werte - wie Solidarität und Gemeinwohl – zur konkreten Politik werden müssen;
- moderne Demokratien vor der Herausforderung stehen, den umfassenden Prozess der Meinungsbildung transparent zu führen und in repräsentative Entscheidungsstrukturen überzuleiten;
- die „repräsentative" Demokratie an die Grenzen ihrer Leistungsfähigkeit gestoßen ist und durch plebiszitäre Elemente erweitert und gestärkt werden bzw. durch eine Kultur der politischen Beteiligung (z.B. „Crowdsourcing") erweitert werden muss;
- viele Schwerpunkte neu in eine Verfassung aufgenommen werden könnten, beispielsweise:
    * bedingungsloses oder tätigkeitsbasiertes Grundeinkommen,
    * die Salutogenese,
    * die 'Gemeinwohlökonomie' anstelle der „Sozialen Marktwirtschaft",
    * der Schutz der natürlichen Lebensgrundlagen,
    * ein neues Geld- und Finanzsystem,
  , * Grund und Boden nur als Pacht vergeben,
    * ein neues Bildungssystem,
    * Anerkennung aller dem Gemeinwohl dienenden Tätigkeiten als gleichwertig (Tätigkeitsgesellschaft),
    * ein solidarischer Generationenvertrag,
    * die Rechte der Frauen und der Kinder stärken,
    * Stärkung der Regionalisierung und Dezentralisierung,
    * Abschaffung der Bundesländer,
    * Datenschutz,
    * Migration und Integration forciert,
    * Medienmacht transparenter gestaltet,
    * Rolle der Parteien überdacht und neu zugewiesen,
    * gemeinwohlorientiertes Steuersystem,

* Gemeineigentum / Allmende,
* Berufsbeamtentum begrenzt?
* Europäische Integration / Verfassung / Demokratische Ordnung,
* Rechtsstaat (fehlt überraschenderweise im GG),
* Präzisierung des Sozialstaatsprinzips,
  u.v.m.

Als Bürgerinnen und Bürger dieser Bundesrepublik wollen wir mit der „Initiative Verfassungskonvent" eine Bürgerbewegung anstoßen. Unser Ziel ist eine Verfassung, die Solidarität, Gerechtigkeit und Gemeinwohl garantiert.

Art. 146 GG

„Dieses Grundgesetz, das nach Vollendung der Einheit und Freiheit Deutschlands für das gesamte deutsche Volk gilt, verliert seine Gültigkeit an dem Tage, an dem eine Verfassung in Kraft tritt, die von dem deutschen Volke in freier Entscheidung beschlossen worden ist."

Besten Dank für Ihre Mitarbeit
Joachim Sikora

INITIAITVE-VERFASSUNGSKONVENT

Es ist Zeit, das seit 1949 als „Grundgesetz" geltende Provisorium endlich durch eine vom Volk in freier Entscheidung beschlossenen Verfassung abzulösen. Dazu fordert uns der Art. 146 dieses Grundgesetzes auf.

Solche Verfassung kann aber erst dann vom Volk getragen und mit Leben erfüllt werden, wenn sie in einem breiten, jedem Bürger zugänglichen Dialogprozess entwickelt wird.

Zu einem solchen breiten Dialog rufen wir unsere Mitbürgerinnen und Mitbürger auf:

- Sprechen Sie mit Ihren Freundinnen und Freunden, Familien, Nachbarn, Kolleginnen und Kollegen über Vorstellungen von einer solidarischen, am Gemeinwohl orientierten Gesellschaft.

- Bilden Sie Gesprächsgruppen, um Vorschläge für die Rahmenbedingungen solch einer Gesellschaft zu entwickeln.

- Sind Sie bereits politisch, sozial oder kulturell engagiert, um zum Gemeinwohl beizutragen, dann prüfen Sie bitte mit Ihren Mitstreitenden, welche Rahmenbedingungen Ihr Anliegen behindern und wie förderliche Regelungen aussehen könnten.

- Bitte bringen Sie sich, Ihre Anliegen und Anregungen in den als Bürgerdialog angelegten Verfassungskonvent ein. (www.initiative-verfassungskonvent.de) und (www.visionsofpolitics.de)

Volkes Stimme – oder: Was ich / man auch gerne hätte!

Persönliche Anmerkungen von Peter H. (dem Hrsg. bekannt)

Stichworte zum Verfassungskonvent

Fördern und Fordern oder: Wie schreibt man "Sozialbindung"?

- Ausgewogenheit von Privat- und Allgemeininteresse.

- Grenzziehung für Privatinteressen (Schlagworte z.B. "shareholder value" oder "Privat vor Staat") gegenüber dem Allgemeininteresse an: Grundlegender Daseinsvorsorge als öffentlicher Aufgabe und nicht Aufgabe eines gewinnorientierten "Marktes". Dazu gehört nicht nur die "klassische Vorsorge" im Sinne der Sozialversicherung, vielmehr auch die Sicherung bezahlbarer Energie- und Wasserversorgung, öffentlicher Verkehrsmittel, Information und Kommunikation, etc., dazu gehört Bildung (über "Ausbildung" hinaus), Kulturelle Betätigung/Teilhabe.

Wir sind das Volk! Mehr Macht dem "Souverän", Stopp einer "Parteien- und Verbandsoligarchie"

- Volksabstimmungen/Volksinitiativrecht zumindest bei verfassungsändernden Gesetzen und in durch die Verfassung benannten Fällen.

- Abwahlmöglichkeit von zumindest den direkt gewählten Volksvertretern durch Abstimmung in deren Wahlkreisen.

- Kontrolle von Lobbyarbeit, keine Lobbyisten in Ministerien oder Behörden (wir müssen leider draußen bleiben).

- Keine Mehrfachfunktionen von Parlamentariern über die parlamentarischen, ggfs. parteiinternen Funktionen hinaus.

- Keine Besetzung von festzulegenden Gremien (Oberste Gerichte, Rundfunkräte u.Ä.), Führungspositionen in öffentlich-rechtlichen Institutionen, in öffentlichen Verwaltungen oder in Betrieben der öffentlichen Hand nach Parteienproporz

- "Anstands"regelung beim Wechsel auf die "Nutznießerseite" eigener politischer (Mit)entscheidungen.

Wer soll das bezahlen? Finanzierung der Musik

- Wer die Musik bestellt bezahlt sie auch! Beschließt z.b. der Bund Gesetze, die die Länder /Kommunen finanziell belasten, hat er gleichzeitig die Finanzierung genau dieser Belastungen zu übernehmen, anstatt dem Prinzip "Macht Ihr, damit ich und seht zu, wie ihr klarkommt" zu huldigen.

- Nach Schweizer Vorbild: Bundes- / Landes- /Kommunalsteuern, insgesamt gedeckelt durch Belastungsobergrenzen.

Wer aber hat, dem wird gegeben, wer aber nicht hat, dem wird genommen werden! Steuern/Subventionen

- Ausschluss von Subventionierung durch "Steuerentlastungen" jedweder Art für bestimmte Personen- bzw. Interessengruppen (Aktuell: EEG-Ausnahmen !).

- Unterstützung/Subventionierung wenn mehrheitlich für erforderlich befunden:

- Ausschließlich durch direkte Zuwendungen und

- über festgelegte Grenzen hinaus nach Volksabstimmung

Nicht nur Banken ! Systemrelevanz!

Schädlich auf das Interesse der Allgemeinheit wirkende Systemrelevanz, wie auch immer zu definieren, darf in keinem wirtschaftlichen Bereich tatsächlich entstehen. Entsprechende Institute sind vor dem Erreichen der Gefahrengrenze zumindest zu entflechten.

Der Teufel scheißt immer auf den gleichen Haufen!

Geldschöpfung ist ausschließlich Sache des Staates bzw. der Notenbank. Banken werden auf ihre Funktionen in der Realwirtschaft beschränkt.

Fürsten und Fürstlein !

16 Länder und Ländlein mit 16 Landesbürokratien, möglichst 16 unterschiedlichen Schulsystemen, irgendwo immer (Vor)wahlkampf, mindestens 32 Meinungen zu jeder Kleinigkeit usw. schreien nach Weniger, das Mehr wäre!

Und auch ein Ende ! Ziel Vereintes Europa

Diese Verfassung verliert ihre Gültigkeit an dem Tage, an dem eine Verfassung in Kraft tritt, die von dem deutschen Volke und den entsprechenden europäischen Völkern in freier Entscheidung als ihre gemeinsame Verfassung beschlossen worden ist.

Wünsche an eine Verfassung von Ralf Liebers

Für eine neue Verfassung wünsche ich eine <u>Grundpflicht zur Transparenz</u> für alle öffentlichen Vorgänge und Verträge. Das heißt, immer dann, wenn öffentliche Gelder fließen oder die Öffentlichkeit von den Folgen einer Maßnahme betroffen ist, müssen alle Vorgänge gebührenfrei öffentlich zugänglich sein. Das Nähere soll in einem Informationszugangs-/ teilhaberecht geregelt werden.

Von der Transparenzpflicht grundsätzlich nicht betroffen sind Belange der inneren und äußeren Sicherheit, Ermittlungs- und Gerichtsverfahren, geistiges Eigentum und personenbezogene Daten, die dem Informationellen Selbstbestimmungsrecht unterliegen. Die üblicherweise auch unter die informelle Selbstbestimmung fallenden Betriebs- und Geschäftsgeheimnisse aus einem Vertrag müssen im Falle eines Vertragsabschlusses mit der öffentlichen Hand der Transparenzpflicht untergeordnet werden! *

Bei Wahrnehmung der Transparenz soll der Bürger allerdings kein Mitspracherecht haben. Das staatliche Prinzip der Aufgabendelegation an Politik und Verwaltung soll erhalten bleiben, damit der zügige Ablauf von Prozessen nicht behindert wird. Vorverhandlungen/Anbieterauswahl soll(en) nicht öffentlich stattfinden, um die Chance auf gute Ergebnisse nicht zu zerreden oder erfolglose Anbieter nicht bloßzustellen.

Demzufolge soll gelten:

- Ausschreibungen/Absichten müssen immer öffentlich gemacht werden.

- Die anschließenden Angebote/Verhandlungen sind nicht öffentlich.

- Die abschließende Beratung zur Beschlussfassung und der Vertrag sind öffentlich.

- Die wesentliche Bedeutung des Vertrages und Folgen für die Bürger sind in allgemein verständlicher Sprache als Bestandteil des Vertrages aufzunehmen, wenn der Vertragstext nicht selbsterklärend ist.

Begründung:

Transparenz dient der Durchsichtigkeit und dem Verständnis für Machtstrukturen, politische Absichten und Entscheidungsprozesse. Sie ist unverzichtbar, will man das Vertrauen der Bürger in ihren Staat stärken/erhalten.

Transparenz ist die einfachste und effizienteste Möglichkeit, unerwünschten Missbrauch von Steuergeldern oder Machtstrukturen zu verhindern. Sie führt zur Selbstdisziplinierung. Politiker und in der Verwaltung Tätige können es nicht wagen, unauffällig etwas zu tun, was die Bürger ausdrücklich nicht wollen.

Transparenz schafft Vertrauen, sie dient der freien Willensbildung und begründeter Wahlentscheidungen. Sie stärkt die Bindung der Bürger an den Staat.

Transparenz ist ein essentieller Bestandteil echter Demokratie.

Die Kernfrage ist nicht, welches Recht Anwendung finden soll bei Verträgen zwischen Öffentlichkeit (Kommunen, Länder, Staat) und Privatleuten (Anbietern von Leistungen), sondern wer der hinter den Vertragsparteien stehende eigentliche Eigentümer der Sache ist, um die sich der Vertrag dreht.

Die *Verwaltung* verwaltet und versorgt Eigentum, sie ist Besitzer, nicht Eigentümer. Ohne Auftrag der Regierung ist sie nicht handlungsberechtigt.

Die *Regierung* bestimmt über die Verwendung von Staats-Eigentum und weist die Verwaltung zum Handeln an. Sie ist von den Wählern bestimmt, dies zu tun, ohne deshalb völlig frei verfügbares Recht an der Verwendung des Eigentums zu haben. Sie darf den Staat nicht verkaufen, sie muss zum Wohle des Volkes handeln.

Die *Gesamtheit der Bürger* ist eigentlicher Eigentümer der öffentlichen Hand. Sie ist Geldgeber (Steuern) und eigentlicher Auftraggeber und darf deshalb nicht von Vertragsinhalten ausgeschlossen werden.

Reform des öffentlich-rechtlichen Rundfunks und Fernsehens

Geld- und Finanzsystem

Neue Schulen braucht das Land

Europäische Integration

Grundeinkommen Salutogenese

Datenschutz Kleine soziale Netze

Gemeinwohlökonomie

Subsidiarität Neue Rolle der Parteien Medienfreiheit

Volksentscheide

Abschaffung der Bundesländer

Priorität der Region Gleichberechtigung

Mitbestimmung # Umwelt

Rechtsstaat Grundrechte

Trennung von Kirche und Staat

Grundwerte Migration Integration

Solidarität Würde des Menschen

VISIONEN

Die nachfolgend vorgestellten „Visionen" konzentrieren sich ‚nur' auf die folgenden vier Bereiche: Wirtschaft, Region, soziale Sicherung und Politik. In Band I ist das Themenspektrum wesentlich breiter. Selbstverständlich könnte man auch Visionen über „Urban-Gardening" und „Urban-Mining", Agrarwende und „Upcycling", die Medien- und Bildungswelt von Morgen, und vieles mehr vorstellen, doch das würde den Umfang dieses Readers sprengen, der sich auf mögliche Impulse im Hinblick auf eine Deutsche Verfassung konzentriert.

Im Kern geht es bei allen vorgestellten „Visionen" um die Frage: Gehört der jeweilige Themenbereich in eine nach Art. 146 GG neu zu erarbeitende Deutsche Verfassung? Dies gilt insbesondere für den Bereich ‚Politik'.

Wirtschaft

Tim Jackson: Wohlstand neu definieren!
(Der Text wurde vom Herausgeber auf der Basis des Buches zusammengestellt.)

Die Überlegungen des britischen Ökonomen Tim Jackson, dessen viel beachtetes Buch „Wohlstand ohne Wachstum – Leben und Wirtschaften in einer endlichen Welt"[1], herausgegeben von der Heinrich-Böll-Stiftung, fallen gerade jetzt auf fruchtbaren Boden. Jackson, Professor für Nachhaltige Entwicklung am Zentrum für Umweltstrategien der Universität Surrey und Leiter der im Auftrag der britischen Regierung tätigen „Kommission für Nachhaltige Entwicklung", diskutiert in diesem Buch, so sagt er, „eine sehr einfache Frage: Wie kann Wohlstand in einer endlichen Welt aussehen, deren Ressourcen begrenzt sind, und deren Bevölkerung innerhalb der nächsten Jahrzehnte voraussichtlich auf über neun Milliarden Menschen anwachsen wird" (S. 25). Wir wissen, dass die Beantwortung dieser Frage alles andere als einfach ist, sehr wohl aber die Herausforderungen beschreibt, denen wir uns stellen und die wir lösen müssen, wenn es für uns und nachkommende Generationen auf diesem Planeten ein sinnvolles bzw. ein sinnerfülltes Leben geben soll. Dabei steht außer Zweifel (und ist seit langem auch so gut wie unbestritten), dass es dauerhaften Wohlstand nur jenseits des „Wachstumsdilemmas" geben kann, das der Autor pointiert wie folgt beschreibt: „Die Gesellschaft steckt in einer Zwickmühle. Dem Wachstum abzuschwören bedeutet, einen wirtschaftlichen und gesellschaftlichen Zusammenbruch zu riskieren. Hemmungsloses Streben nach Wachstum bedeutet, die Ökosysteme zu gefährden, von denen langfristig unser Überleben abhängt." (S. 188)

---

1) Jackson, Tim: Wohlstand ohne Wachstum. Leben und Wirtschaften in einer endlichen Welt, hrsg. v. d. Heinrich-Böll-Stiftung. München 2011. 239 S.

Was also tun? Tim Jackson wirbt mit überzeugenden Argumenten unter anderem dafür, das „stahlharte Gehäuse des Konsumismus" zu knacken, das er gleichermaßen im Wunsch nach Profit (der Unternehmen) und der ihm korrespondierenden „Angst vor dem leeren Selbst" (des Individuums) begründet sieht. Um hier gegenzusteuern, setzt der Verfasser auf politische Lenkung etwa in Richtung eines „New Green Deal" (2009 machten einschlägige Investitionen etwa 15% der weltweiten Konjunkturprogramme bzw. rd. 436 Mrd. US-Dollar aus) und macht sich für eine „Ökologische Makroökonomie" stark, die wesentlich auf der Umverteilung von Arbeit und auf langfristigen Investitionen in Infrastruktur und Ressourceneffizienz gründet. Darüber hinaus aber wirbt er für ein „Gedeihen in Grenzen". An die Stelle von Konsumgütern würden demnach immaterielle Werte wie Selbstakzeptanz und Beziehungsfähigkeit rücken. Um den notwendigen Wandel umzusetzen, bedürfe es mutiger politischer Steuerung ebenso wie der Mobilisierung der Bevölkerung.

In insgesamt zwölf konkrete Empfehlungen bündelt Tim Jackson seine Vorschläge für ein nachhaltiges Wirtschaftssystem, das seines Erachtens alles andere als eine Utopie ist, wenn es gelingt, „Grenzen festzusetzen, das Wirtschaftsmodell zu reparieren und die gesellschaftliche Logik zu verändern" (S. 176). Die Vorstellungen von Wohlstand neu zu definieren bedeutet nach Ansicht Jacksons dabei nicht, den Kapitalismus zu überwinden. Wir hätten aber „tatsächlich keine andere Wahl, als auf einen Wandel hinzuarbeiten und Strukturen und Institutionen grundsätzlich zu verändern, die die Welt gestalten und eine glaubwürdigere Vorstellung von bleibendem Wohlstand zu formulieren" (S. 203). Mit diesem Buch sollte die notwendige, möglichst breite Diskussion darüber, wie wir Zukunft anders und besser leben wollen, wesentliche Impulse erhalten.

Seine zwölf Vorschläge:

1. Obergrenzen für Ressourcen und Emissionen sowie Reduktionsziele

2. Steuerreform für Nachhaltigkeit

3. Ökologischen Wandel in Entwicklungsländern unterstützen

4. Eine ökologische Makroökonomie entwickeln

5. In Arbeitsplätze, Vermögenswerte und Infrastruktur investieren

6. Mehr finanzielle und steuerpolitische Umsicht

7. Die volkswirtschaftliche Gesamtrechnung revidieren

8. Die Regulierung der Arbeitszeit

9. Die systembedingte Ungleichheit bekämpfen

10. Gedeihen und Fähigkeiten messen

11. Das Sozialkapital stärken

12. Die Kultur des Konsumismus abbauen

Worauf kommt es an? Zum Beispiel auf Belastbarkeit. Volkswirtschaften, die bei Störungen zusammenbrechen, gefährden unmittelbar das Gedeihen. Wir wissen auch, dass es auf Gleichheit ankommt. Ungleiche Gesellschaften treiben den unproduktiven Statuswettbewerb an und untergraben das Wohlbefinden nicht nur direkt, sondern auch indirekt, indem sie das bürgerschaftliche Gemeinschaftsgefühl sabotieren.

Auch Arbeit ist für das neue Wirtschaftsmodell aus verschiedenen Gründen wichtig: Bezahlte Arbeit trägt ganz offensichtlich zum Lebensunterhalt der Menschen bei. Davon abgesehen nehmen wir dadurch, dass wir arbeiten, am gesellschaftlichen Leben teil. Durch Arbeit schaffen wir die gesellschaftliche Welt immer wieder neu und finden darin einen glaubwürdigen Platz.

Wir wissen zudem, dass sich die Wirtschaft innerhalb bestimmter Grenzen bewegen muss. Diese Grenzen werden zum Teil durch die Ökologie des Planeten bestimmt, zum Teil durch die Größe der Weltbevölkerung. Beide Faktoren zusammen bestimmen, wie viele Ressourcen und wie viel Raum uns zur Verfügung stehen.

Diese Grenzen müssen für die nachhaltige Organisation einer Volkswirtschaft beachtet werden. Die Entwicklung ökologischer Dienstleistungen, das Umschalten der volkswirtschaftlichen Gesamtrechnung auf „Grün", die Suche nach ökologisch bedingten Grenzen der Produktion - all das ist für die Entwicklung eines nachhaltigen Wirtschaftsmodells höchstwahrscheinlich unabdingbar.

Solche Tätigkeiten zu unterstützen und auszuweiten heißt natürlich nicht, die Wirtschaft allein darauf zu beschränken. Viele überkommene Wirtschaftssektoren werden weiterhin eine Rolle spielen. Aber die Ressourcengewinnung wird in dem Maße an Bedeutung verlieren, in dem weniger Material verbraucht und mehr wiederverwertet wird. Dabei werden Industrie, Bauwesen, Nahrung und Landwirtschaft sowie eher konventionelle Dienstleistungen wie Einzelhandel, Kommunikation und Finanzdienste jedoch nach wie vor von Bedeutung sein.

Entscheidend ist aber, dass diese Sektoren wesentlich anders aussehen werden als heute. Die Industrie wird verstärkt darauf zu achten haben, dass Produkte haltbar sind und sich einfach reparieren lassen. Das Bauwesen muss sich darauf konzentrieren, Gebäude zu sanieren und neue nachhaltige, einfach zu reparierende Infrastrukturen aufzubauen. Die Landwirtschaft wird verstärkt auf den Schutz der Böden und das Wohl des Viehs Rücksicht nehmen müssen. Finanzdienstleister werden sich weniger auf eine Expansion der Geldmenge als auf vernünftige, langfristige und stabile Investitionen zu stützen haben.

Das neue Wirtschaftsmodell ist weiterhin dringend auf Investitionen angewiesen, doch ihr Charakter wird sich ändern. Investitionen werden sich von ihrer herkömmlichen Rolle emanzipieren. Sie sind dann nicht mehr Anreiz für ein weiteres Wachstum der Produktivität, sondern Anreiz für ökologische Transformation: für erhöhte Energie- und Ressourceneffizienz, für erneuerbare und kohlenstoffarme Technologien und Infrastrukturen, für öffentliche Güter, für Klimaanpassung und ökologische Aufwertung.

Wie steht das neue Wirtschaftsmodell zu wirtschaftlichem Wachstum? Es ist klar, dass drei seiner Merkmale das Wachstum tendenziell verlangsamen. Das erste sind die ökologischen Grenzen. Natürlich kommt es darauf an, wie streng diese Grenzen gezogen werden. Nimmt man diese Bedingung aber ernst, dann könnte das erhebliche Auswirkungen auf das Wachstum haben.

Die zweite Kraft, die das Wachstum im neuen Wirtschaftsmodell nach unten drückt, folgt aus dem Übergang zu neuen Formen der Dienstleistung. Die Arbeitsintensität dieses Sektors legt nahe, dass sich frühere Wachstumsraten nicht halten lassen werden. Das Wachstumspotenzial der Wirtschaft wird dadurch erheblich beschnitten.

Dazu müssten, drittens, andere Produktionsfaktoren schrumpfen. Arbeit ist darunter der Wichtigste. Eine Verringerung der Gesamtarbeitszeit reduziert die Wirtschaftsleistung. Dies würde jedoch auch das Gleichgewicht zwischen Arbeit und Leben verbessern. Soll dies aber nicht zu Arbeitslosigkeit führen (was einfach ungerecht wäre), würde das bedeuten, dass die verbleibende Arbeit durch Arbeitszeit- und Beschäftigungsregeln verteilt werden muss.

Grundsätzlich könnte es also sein, dass das neue Wirtschaftsmodell „weniger kapitalistisch" sein wird. Neue ökologische Investitionen werden voraussichtlich das Gleichgewicht zwischen privaten und öffentlichen Investitionen verändern. Langfristige, weniger produktive Investitionen sind für die Nachhaltigkeit unabdingbar, für das private Kapital aber weniger attraktiv. Darum wird der Staat bei der Finanzierung eine entscheidende Rolle spielen.

Will man die Staatsschulden nicht erhöhen, können solche Investitionen nur auf zwei Wegen finanziert werden: durch höhere Steuern, oder indem die öffentliche Hand Eigentum an produktivem Vermögen übernimmt.

Interessanterweise wurde während der Finanzkrise darüber diskutiert, dass der Gesichtspunkt Gerechtigkeit eigentlich für einen höheren öffentlichen Anteil an Eigentum spräche. Warum sollte der Steuerzahler, wenn Garantien für den Finanzsektor übernommen werden, nur die Risiken tragen und keinen Gewinn erzielen?

Das gleiche Prinzip gilt bei staatlichen Investitionen in ökologische Vermögenswerte. Nicht alle sind im konventionellen Sinne produktiv, manche aber schon. Forstwirtschaft, erneuerbare Technologien, lokale Infrastruktur, natürliche Ressourcen - hier lässt sich Einkommen erzielen. Allgemeiner gesprochen: Die gesamte Wirtschaft wird vom Wertschöpfungspotenzial ökologischer Dienstleistungen getragen. Öffentliche Investitionen in diese Aktivposten sollten aus prinzipiellen Gründen von der öffentlichen Hand als Einnahmequelle genutzt werden.

Die Anforderungen des neuen Wirtschaftsmodells machen es nötig, Produktivität, Wirtschaftlichkeit, Eigentum an Vermögen sowie die Kontrolle über die Verteilung von Überschüssen neu zu denken und zu ordnen.

Kann man das immer noch Kapitalismus nennen? Spielt das überhaupt eine Rolle? All denen, für die es eine Rolle spielt, könnten wir in Anlehnung an Mr. Spock in Raumschiff Enterprise sagen: „Es ist Kapitalismus, Jim. Aber nicht so, wie wir ihn kennen."

Niko Paech: Befreiung vom Überfluss[2]
(Der Text wurde vom Herausgeber auf der Basis des Buches zusammengestellt.)

Niko Paech gilt wohl als einer der profundesten, konsequentesten und radikalsten Vertreter eines an Bedeutung gewinnenden Ansatzes, der mit „Postwachstumsökonomie" umschrieben wird. In seiner Streitschrift „Befreiung vom Überfluss" hat der Vorsitzende der Vereinigung für Ökologische Ökonomie, Attac-Berater und Inhaber eines „außerplanmäßigen Lehrstuhls für Produktion und Umwelt" an der Universität Oldenburg seinen Ansatz einer Postwachstumswirtschaft und deren Begründung in kompakter Form vorgelegt. Gleich zu Beginn benennt Paech seine Grundüberzeugung: „Dieses Buch dient einem bescheidenen Zweck. Es soll den Abschied von einem Wohlstandsmodell erleichtern, das aufgrund seiner chronischen Wachstumsabhängigkeit unrettbar geworden ist." (S. 7) Der Autor geht dabei von der These aus, dass Versuche, die vielen materiellen Errungenschaften einer „Abfolge von Effizienzfortschritten oder anderweitiger menschlicher Schaffenskraft zuzuschreiben", eine „Selbsttäuschung" seien (S. 10). Paech spricht von einer dreifachen Entgrenzung, auf der unser derzeitiger Wohlstand und Effizienzglaube basiere: der Entgrenzung von den eigenen körperlichen Fähigkeiten („mit Hilfe ganzer Heerscharen von Energiesklaven"), der Entgrenzung von den in unmittelbarer Reichweite vorhandenen Ressourcen („mittels globaler Wertschöpfungsketten") und jener von den Möglichkeiten der Gegenwart („mit Hilfe von Verschuldung" S. 57). Die vermeintliche Effizienz der industriellen Arbeitsteilung setze enorme physische Entgrenzungsvorgänge und eine Plünderung der Natur voraus: „Die Transaktionen zwischen den zerlegten Produktionsstufen dehnen sich in alle Himmelsrichtungen aus. Infrastrukturen und Transporte nehmen." (S. 30) Das Wesensprinzip des Konsumierens bestehe daher darin, „sich die von anderen Menschen an anderen Orten geleistete Arbeit und insbesondere den materiellen Ertrag andernorts verbrauchter Ressourcen

---

[2] Paech, Niko: Befreiung vom Überfluss - Auf dem Weg in die Postwachstumsökonomie, München 2012. 155 S.

und Flächen zunutze zu machen" (S. 37). Unser Wohlstand sei genau genommen weder „erarbeitet" noch „verdient" (S. 36). Die moderne Produktion ähnle vielmehr „einem Verstärker, der ein minimales menschliches Signal in eine donnernde Symphonie von Energie- und Materialumwandlung übersetzt" (S. 46). Diese „monströse Delegationsmaschinerie" führe jedoch zu einem „Bequemlichkeitsfortschritt", zu einer „Bequemokratie", in der „die Drecksarbeit" auf andere abgewälzt wird (ebd.).

Das „Fremdversorgungssyndrom" (S. 64) habe auch die Geldabhängigkeit, genau genommen die „Schuldgeldabhängigkeit" erhöht, da Wachstum immer mehr über Schulden finanziert würde. Genauso wie ein Heroinabhängiger wider besseres Wissen den Dealer schütze, steige beim Geldabhängigen „mit zunehmendem Konsumniveau die panische Angst davor, dass die geldspeiende Wachstumsmaschine auch nur ins Stocken gerate könnte" (S. 66). Dieser Sachzwang beherrsche den Manövrierspielraum nachhaltiger Entwicklung: „Sie steht immer unter dem Vorbehalt, das geldbasierte Wohlstandsmodell nicht anzutasten" (ebd.).

Paech warnt daher vor dem Glauben an Ökoeffizienz, da diese in der Regel zu weiterem Ressourcenverbrauch an anderer Stelle führe („Reboundeffekte"). „Grünes Wachstum" habe Tücken, da auch „grüne Technologien" Ressourcen verbrauchen, wie etwa Elektroautos, Photovoltaikanlagen oder Wärmedämmungen, die irgendwann auch entsorgt werden müssen. Der Autor spricht hier von „Nebenwirkungen innovativer Entkopplungslösungen" (S. 78). Kritik übt er auch an der „Objektorientierung" des Nachhaltigkeitsdiskurses, wenn dieser von „ökologischen Produkten" spricht. Denn nachhaltig könnten allein Lebensstile sein, nie Produkte oder Dienstleistungen. Und „Greenwashing" von Unternehmen oder auch von Konsumenten sei da nicht weit. „Die Strahlkraft nachhaltiger Konsumsymbolik soll das weniger nachhaltige Andere, welches vom selben Individuum praktiziert wird, kaschieren oder kompensieren." (S. 98) Nachhaltigkeitsbemühungen, die sich an der „Subjektorientierung" vorbeischummeln, seien daher nicht nur überflüssig, sondern schädlich: „Sie reproduzieren die Schizophrenie einer Gesellschaft, deren Nachhaltigkeitsziele nie lauter bekundet wurden und deren Lebenspraktiken sich nie weiter davon entfernt haben." (S. 101)

Wo sieht der Autor nun den Ausweg? Allgemein gesagt: in der „Rückkehr zur Sesshaftigkeit und zum menschlichen Maß" (S. 56). Im Detail wäre dies eine Wirtschaft, die sich wieder auf die Region konzentriert, also auf eine „Ökonomie der Nähe" (S. 114 f.), die auf mehreren Prinzipien basiert: Transparenz („Produktnachfrager" sind dabei zugleich die „Kapitalgeber" ihrer Produzenten), Empathie (durch „soziale Einbettung der Ökonomie"), Interessenkongruenz (hohe Zinsansprüche würden ja höhere Preise bedeuten) sowie Verwendungskontrolle (lokales Kapital als Förderer ihrer eigenen ethischen Orientierung).

Der industrielle Komplex in einer de-globalisierten Ökonomie würde zurückgebaut, neue Unternehmensformen sowie regionale Währungen sollten sich ausbreiten, zudem würde der Bereich des Selbermachens, der Eigenarbeit und Selbstversorgung, ausgebaut. Die Verlängerung der Nutzungsdauer, Gemeinschaftsnutzung sowie Eigenproduktion würden eine radikale Verringerung der Ressourceflüsse ermöglichen, Instandhalter, Reparaturdienstleister, Renovierer, Umgestalter und Ökodesigner als wichtige neue Unternehmen etabliert.

Paech skizziert eine Postwachstumsökonomie, in der die bisherige Norm von 40 Erwerbsarbeitsstunden aufgeteilt würde auf 20 Stunden Arbeit im monetären und weitere 20 Stunden im entkommerzialisierten Bereich. Die Einbindung in die globale Ökonomie würde auf eine Restkategorie reduziert: „Unternehmensformen, die durch ihre institutionelle Struktur, räumliche Nähe und überschaubare Größe so entwickelt werden können, dass sie sich nicht an maximaler Rendite, sondern an unmittelbarer Bedürfnisbefriedigung orientieren, sind mit globaler Verflechtung kaum vereinbar." (S. 118)

Als flankierende Maßnahmen fordert Paech über Finanztransaktionssteuern hinaus die Umsetzung der „Vollgeld-Konzeption", also die „Beendigung jeglicher Bankengeldschöpfung" und die „Wiederherstellung des staatlichen Vorrechts" auf die „schuldenfreie In-Umlauf-Bringung neu geschöpften Geldes durch öffentliche Ausgaben", die Förderung von Regionalwährungen sowie eine Bodenreform, die Bodennutzer als Pächter, nicht Eigentümer betrachtet! (S. 135) Nicht zuletzt müsste der Erziehungs- und Bildungssektor „entrümpelt" werden. Denn in den begüterten Mittelschichtfamilien, erst recht in allen Bildungseinrichtungen „trainieren wir jungen Menschen Praktiken des Überflusses und einer globalen Mobilität an, die ökologisch ruinöser sind als alles, was vorherige Generationen sich jemals erlauben konnten" (S. 138). Notwendig sei die Verankerung einer Nachhaltigkeitsbildung als „Pflichtfach" (ebd.).

Schließlich setzt Paech auf die Ausbreitung eines neuen Verständnisses von Wohlstand: „Wer sich elegant eines ausufernden Konsum- und Mobilitätsballastes entledigt, ist davor geschützt, im Hamsterrad der käuflichen Selbstverwirklichung orientierungslos zu werden." (S. 129) Die „Kunst der Reduktion" bedeute somit auch Angstfreiheit, die auf Peak Oil und die nächsten Finanzkrisen gelassener zugehen lasse. Denn, so ein Schlussgedanke des Autors: „Souverän ist nicht, wer viel hat, sondern wer wenig braucht." (S. 130)

Christian Felber: Gemeinwohl-Ökonomie[3]
(Der Text wurde weitgehend von der Internetseite übernommen – siehe Anhang.)

Laut einer Umfrage der Bertelsmann-Stiftung vom Juli 2010 wünschen 88 Prozent der Deutschen und 90 Prozent der ÖsterreicherInnen eine „neue Wirtschaftsordnung". Die Gemeinwohl-Ökonomie beschreibt zentrale Elemente eines sozialeren, ökologischeren und demokratischeren Ordnungsrahmens für die Wirtschaft. Die in Österreich entstandene Idee breitet sich seit Oktober 2010 international aus. Dem Dogma der „Alternativlosigkeit" des gegenwärtigen Wirtschaftsmodells wird ein konkreter und gangbarer Zukunftsweg entgegengesetzt, ohne in die historischen Extreme Kapitalismus und Kommunismus zurückzufallen. Bis Ende 2011 unterstützten fast 500 Unternehmen aus 13 Staaten die Initiative. 2012 werden rund 200 dieser Unternehmen die Gemeinwohl-Bilanz erstellen. Regionale „Energiefelder" und Umsetzungsgruppen bilden sich in immer mehr Staaten. Hier sind die – ständiger Diskussion unterworfenen – Eckpunkte:

1. Die Gemeinwohl-Ökonomie beruht auf denselben Grundwerten, die unsere Beziehungen gelingen lassen: Vertrauensbildung, Wertschätzung, Kooperation, Solidarität und Teilen. Nach aktuellen wissenschaftlichen Erkenntnissen sind gelingende Beziehungen das, was Menschen am glücklichsten macht und am stärksten motiviert.

2. Der rechtliche Anreizrahmen für die Wirtschaft wird umgepolt von Gewinnstreben und Konkurrenz auf Gemeinwohlstreben und Kooperation. Unternehmen werden für gegenseitige Hilfe und Zusammenarbeit belohnt. Kon(tra)kurrenz ist möglich, bringt aber Nachteile.

3. Wirtschaftlicher Erfolg wird nicht länger mit (monetären) Tauschwertindikatoren gemessen, sondern mit (nichtmonetären) Nutzwertindikatoren. Auf der Makroebene (Volkswirtschaft) wird das BIP als Erfolgs-

---

[3] Christian Felber, Die Gemeinwohl-Ökonomie – Eine demokratische Alternative wächst, aktualisierte und erweiterte Neuausgabe, Deuticke-Verlag, Wien 2012

indikator vom Gemeinwohl-Produkt abgelöst, auf der Mikroebene (Unternehmen) die Finanzbilanz von der Gemeinwohl-Bilanz. Diese wird zur Hauptbilanz aller Unternehmen. Je sozialer, ökologischer, demokratischer und solidarischer Unternehmen agieren und sich organisieren, desto bessere Bilanzergebnisse erreichen sie. Je besser die Gemeinwohl-Bilanz-Ergebnisse der Unternehmen in einer Volkswirtschaft sind, desto größer ist das Gemeinwohl-Produkt.

4. Die Unternehmen mit guten Gemeinwohl-Bilanzen erhalten rechtliche Vorteile: niedrigere Steuern, geringere Zölle, günstigere Kredite, Vorrang beim öffentlichen Einkauf und bei Forschungsprogrammen etc. Der Markteintritt wird dadurch für verantwortungsvolle AkteurInnen erleichtert; und ethische, ökologische und regionale Produkte und Dienstleistungen werden billiger als unethische, unökologische und globale.

5. Die Finanzbilanz wird zur Nebenbilanz. Finanzgewinn wird vom Zweck zum Mittel und dient dazu, den neuen Unternehmenszweck (Beitrag zum allgemeinen Wohl) zu erreichen. Bilanzielle Überschüsse dürfen verwendet werden für: Investitionen (mit sozialem und ökologischem Mehrwert), Rückzahlung von Krediten, Rücklagen in einem begrenzten Ausmaß, begrenzte Ausschüttungen an die MitarbeiterInnen sowie für zinsfreie Kredite an Mitunternehmen. Nicht verwendet werden dürfen Überschüsse für: Investitionen auf den Finanzmärkten (diese soll es gar nicht mehr geben), feindliche Aufkäufe anderer Unternehmen, Ausschüttung an Personen, die nicht im Unternehmen mitarbeiten sowie Parteispenden. Im Gegenzug entfällt die Steuer auf Unternehmensgewinne.

6. Da Gewinn nur noch Mittel, aber kein Ziel mehr ist, können Unternehmen ihre optimale Größe anstreben. Sie müssen nicht mehr Angst haben, gefressen zu werden, und nicht mehr wachsen, um größer, stärker oder profitabler zu sein als andere. Alle Unternehmen sind vom allgemeinen Wachstums- und wechselseitigen Fresszwang erlöst.

7. Durch die Möglichkeit, entspannt und angstfrei die optimale Größe einzunehmen, wird es viele kleine Unternehmen in allen Branchen geben. Da sie nicht mehr wachsen wollen, fällt ihnen die Kooperation und Solidarität mit anderen Unternehmen leichter. Sie können ihnen mit Wissen, Know-how, Aufträgen, Arbeitskräften oder zinsfreien Krediten hel-

fen. Dafür werden sie mit einem guten Gemeinwohl-Bilanz-Ergebnis belohnt – nicht auf Kosten anderer Unternehmen, sondern zu deren Nutzen. Die Unternehmen bilden zunehmend eine solidarische Lerngemein-
schaft, die Wirtschaft wird zu einer Win-win-Anordnung.

8. Die Einkommens- und Vermögensungleichheiten werden in demokratischer Diskussion und Entscheidung begrenzt: die Maximal-
einkommen auf zum Beispiel das Zehnfache des gesetzlichen Mindest-
lohns; Privatvermögen auf zum Beispiel zehn Millionen Euro; das Schen-
kungs- und Erbrecht auf zum Beispiel 500 000 Euro pro Person, bei Fami-
lienunternehmen auf zum Beispiel zehn Millionen Euro pro Kind. Das
darüber hinausgehende Erbvermögen wird über einen Generationen-
fonds als „Demokratische Mitgift" an alle Nachkommen der Folgegenera-
tion verteilt: Gleiches „Startkapital" bedeutet höhere Chancengleichheit.
Die genauen Grenzen sollen von einem Wirtschaftskonvent
demokratisch ermittelt werden.

9. Bei Großunternehmen gehen ab einer bestimmten Größe (zum Beispiel 250 Beschäftigten) Stimmrechte und Eigentum teil- und schrittweise
an die Beschäftigten und die Allgemeinheit über. Die Öffentlichkeit könnte durch direkt gewählte „regionale Wirtschaftsparlamente" vertreten
werden. Die Regierung sollte keinen Zugriff / kein Stimmrecht in öffentlichen Unternehmen haben.

10. Das gilt auch für die Demokratischen Allmenden, die dritte Eigen-
tumskategorie neben einer Mehrheit (kleiner) Privatunternehmen und
gemischt-besessenen Großunternehmen. Demokratische Allmenden
(auch „Commons") sind Gemeinwirtschaftsbetriebe im Bildungs-,
Gesundheits-, Sozial-, Mobilitäts-, Energie- und Kommunikationsbereich:
die „Daseinsvorsorge".

11. Eine wichtige Demokratische Allmende ist die Demokratische
Bank. Sie dient wie alle Unternehmen dem Gemeinwohl und wird wie
alle Demokratischen Allmenden vom demokratischen Souverän kontrol-
liert, und nicht von der Regierung. Ihre Kernleistungen sind garantierte
Sparvermögen, kostenlose Girokonten, kostengünstige Kredite und ökosoziale Risikokredite. Der Staat finanziert sich primär über zinsfreie Zent-
ralbankkredite. Die Zentralbank erhält das Geldschöpfungsmonopol und

wickelt den grenzüberschreitenden Kapitalverkehr ab, um Steuerflucht zu unterbinden. Die Finanzmärkte in der heutigen Form wird es nicht mehr geben.

12. Nach dem Vorschlag von John Maynard Keynes wird eine globale Währungskooperation errichtet, mit einer globalen Verrechnungseinheit („Globo", „Terra") für den internationalen Wirtschaftsaustausch. Auf lokaler Ebene können Regiogelder die Nationalwährung ergänzen. Um sich vor unfairem Handel zu schützen, initiiert die EU eine Fair-Handelszone („Gemeinwohl-Zone"), in der gleiche Standards gelten oder die Zollhöhe sich an der Gemeinwohl-Bilanz des Hersteller-unternehmens orientiert. Langfristziel ist eine globale Gemeinwohl-Zone als UN-Abkommen.

13. Der Natur wird ein Eigenwert zuerkannt, weshalb sie nicht zu Privateigentum werden kann. Wer ein Stück Land für den Zweck des Wohnens, der Produktion oder der Land- und Forstwirtschaft benötigt, kann eine begrenzte Fläche kostenlos nutzen. Die Überlassung ist an ökologische Auflagen und an die konkrete Nutzung geknüpft. Damit sind Landgrabbing, Großgrundbesitz und Immobilienspekulation zu Ende. Im Gegenzug entfällt die Grundvermögenssteuer.

14. Wirtschaftswachstum ist kein Ziel mehr, hingegen die Reduktion des ökologischen Fußabdrucks von Personen, Unternehmen und Staaten auf ein global nachhaltiges Niveau. Der Kategorische Imperativ wird um die ökologische Dimension erweitert. Unsere Freiheit, einen beliebigen Lebensstil zu wählen, endet dort, wo sie die Freiheit anderer Menschen beschneidet, denselben Lebensstil zu wählen oder auch nur ein menschenwürdiges Leben zu führen. Privatpersonen und Unternehmen werden angereizt, ihren ökologischen Fußabdruck zu messen und auf ein global gerechtes und nachhaltiges Niveau zu reduzieren.

15. Die Erwerbsarbeitszeit wird schrittweise auf das mehrheitlich gewünschte Maß von 30 bis 33 Wochenstunden reduziert. Dadurch wird Zeit frei für drei andere zentrale Arbeitsbereiche: Beziehungs- und Betreuungsarbeit (Kinder, Kranke, SeniorInnen), Eigenarbeit (Persönlichkeitsentwicklung, Kunst, Garten, Muße) sowie politische und

Gemeinwesenarbeit. Infolge dieser ausgewogeneren Zeiteinteilung würde der Lebensstil konsumärmer, suffizienter und ökologisch nachhaltiger.

16. Jedes zehnte Berufsjahr ist ein Freijahr und wird durch ein bedingungsloses Grundeinkommen finanziert. Menschen können im Freijahr tun, was sie wollen. Diese Maßnahme entlastet den Arbeitsmarkt um zehn Prozent – die aktuelle Arbeitslosigkeit in der EU.

17. Die repräsentative Demokratie wird ergänzt durch direkte und partizipative Demokratie. Der Souverän soll seine Vertretung korrigieren, selbst Gesetze beschließen, die Verfassung ändern und Grundversorgungsbereiche – Bahn, Post, Banken – kontrollieren können. In einer echten Demokratie sind die Interessen des Souveräns und seiner Vertretung identisch – Voraussetzung dafür sind umfassende Mitgestaltungs- und Kontrollrechte des Souveräns.

18. Alle Eckpunkte der Gemeinwohl-Ökonomie sollen in einem breiten Basisprozess durch intensive Diskussion ausreifen, bevor sie von einem direkt gewählten Wirtschaftskonvent in Gesetze gegossen werden. Über das Ergebnis stimmt der demokratische Souverän ab. Was angenommen wird, geht in die Verfassung ein und kann – jederzeit – nur wieder vom Souverän selbst geändert werden. Zur Vertiefung der Demokratie können weitere Konvente einberufen werden: Bildungs-, Medien-, Daseinsvorsorge-, Demokratiekonvent ...

19. Um die Werte der Gemeinwohl-Ökonomie von Kind an vertraut zu machen und zu praktizieren, muss auch das Bildungswesen gemeinwohlorientiert aufgebaut werden. Das verlangt eine andere Form von Schule sowie andere Inhalte, z.B. Gefühlskunde, Wertekunde, Kommunikationskunde, Demokratiekunde, Naturerfahrenskunde und Körpersensibilisierung.

20. Da in der Gemeinwohl-Ökonomie unternehmerischer Erfolg eine ganz andere Bedeutung haben wird als heute, werden auch andere Führungsqualitäten gefragt sein: Nicht mehr die rücksichtslosesten, egoistischsten und „zahlenrationalsten" Manager werden gesucht, sondern Menschen, die sozial verantwortlich und sozial kompetent handeln, mitfühlend und empathisch sind, Mitbestimmung als Chance und Gewinn

sehen und nachhaltig langfristig denken. Sie werden die neuen Vorbilder sein.

Die Gemeinwohl-Ökonomie ist weder das beste aller Wirtschaftsmodelle noch das Ende der Geschichte, nur ein nächster möglicher Schritt in die Zukunft. Sie ist ein partizipativer und entwicklungsoffener Prozess und sucht Synergien mit ähnlichen Ansätzen. Durch das gemeinsame Engagement zahlreicher mutiger und entschlossener Menschen kann etwas grundlegend Neues geschaffen werden. Die Umsetzung erfordert intrinsische Motivation und Eigenverantwortung, rechtliche Anreize, einen ordnungspolitischen Rahmen sowie Bewusstseinsbildung. Alle Menschen, Unternehmen, Organisationen und Gemeinden können sich am Umbau der Wirtschaftsordnung in Richtung Gemeinwohl-Ökonomie beteiligen.

Weitere Infos: www.gemeinwohl-oekonomie.org / Stand: 25. Dezember 2011

Josef Hülkenberg: Von der Kostenstellenanalyse zur Wertschöpfungsdiagnose[4]

Clever und klug sind die Menschen. Schon immer, seit jeher und wohl auch zukünftig. Versprechen sie sich Gewinn und Vorteil, aktivieren sie ihre Fähigkeiten – und sie tun gut damit. Um ein bestimmtes Ziel zu erreichen, sollten sie nicht mehr eigene Kräfte einsetzen, als tatsächlich erforderlich. Vor allem, wenn es um schwer erneuerbare Kräfte geht.

Bei Einsatz und Verwendung fremder Kräfte für eigene Ziele ist Homo sapiens allerdings gar nicht mehr so zurückhaltend. Die veränderten Vorzeichen führen zu neuen Überlegungen und Verhalten:

- Die eigenen Kräfte reduzieren sich auf den Aufwand zur Gewinnung und maximaler Nutzung fremder Kräfte.
- Wenig eigener Aufwand zur Beherrschung und maximalen Ausschöpfung fremder Kräfte erhöht den Gewinn.

Und so zieht sich die Spur wirtschaftlicher Beherrschung vieler Menschen durch wenige Mitmenschen durch die Geschichte. Es ist vor allem eine Blutspur vom antiken Sklavenwesen über Leibeigenschaft, vorindustrielle Manufakturen mit Verlagswesen hin zur industriellen Produktion an Fließbändern oder in chinesischen Jeansfärbe-Anlagen.

Den „Faktor Arbeit" billiger machen! Stückkostenreduzierung durch Anpassung menschlicher Arbeitsbienen an technisch-funktionale Abläufe rentabler Serien- und Massenproduktion. Komplexe Arbeitsabläufe werden zergliedert, analysiert, verfeinert und auf ihre Kostenseite untersucht.

Wie billig wird der wahre Mensch als Ware Mensch.

Ob Haare kämmen am zu pflegenden Menschen oder Auswechseln von Ersatzteilen am Auto – Listen geben knappe Zeiten für einzelne Handgrif-

---

[4] www.huelkenberg.de

fe vor. Zeit ist kostbar, zerlegt in Bruchteile werden unsere Arbeitsleistungen dem Controlling unterworfen.

Ausgefeilte Computerprogramme analysieren die Vorgänge der Leistungserbringung, berechnen selbst den Abrieb am Radiergummi und die dadurch entstehenden Kosten im Verwaltungsablauf.

Weitab vom konkreten Leistungsgeschehen liefern diese Programme den unternehmerischen Managern, den personalpolitischen und firmenstrategischen Entscheidern die Entscheidungsvorlagen im Kostensenkungswettlauf.

Doch nur einmal angenommen, wir würden der menschlichen Arbeit wieder neu ihren angestammten Wert zubilligen: Lieferten dann nicht genau diese Kostenanalyse-Programme präzise Berichte zum Wertschöpfungsbeitrag der kleinsten wirtschaftlichen Einheit – des arbeitenden Menschen?

Jeder im Produktionsablauf Tätige, jede Vertriebs- Verkaufs- und Verwaltungskraft, freie Mitarbeiter, Erwerbsabhängige und unternehmerisch Tätige – selbst die hoffegende Hilfskraft, wer alles in der Wertschöpfungskette durch Arbeit seinen Beitrag bringt, ist in seinem individuellen Beitrag darstellbar.

Es ist eine Wertentscheidung, eine Frage des Vorzeichens, die Daten der Wertschöpfungskette als „Kosten" oder als „Leistungsbeiträge" zu definieren.

Als „Wertschöpfungsdiagnose" entstünde ein Instrument sachgerechter Entlohnung aller Beteiligten. Dem antiquierten(?) Anspruch eines Aristoteles, Thomas von Aquin, Karl Marx oder Johannes Kleinhappl (welche Koalition!) vom „gerechten Tausch der Leistungen im gesellschaftlichen Wirtschaften" kann mit moderner Datenerfassung entsprochen werden - wenn wir dieses wollen!

Die Entscheidung, Mitmenschen zum eigenen Vorteil wirtschaftlich zu beherrschen, ist nicht gottgewollt. Diese Herrschaftsform wurde kulturell - von Menschen - entwickelt.

Das Ideal des gerechten Tausches im gesellschaftlichen Wirtschaften durch den Profitvorbehalt des wirtschaftlich Mächtigeren zu ersetzen ist eine menschliche Entscheidung – historisch gewachsen, und doch umkehrbar.

Clever und klug sind die Menschen – sie suchen ihren Gewinn und Vorteil. Haben sie einmal begriffen, wie viel mehr Gewinn ihnen aus solidarischem Verhalten zufließt, werden sie ihr Verhalten neu orientieren.

Clever und klug sind die Menschen – sie wissen um die Unterschiede erbrachter Leistungen im betrieblichen Personalverbund. Sie akzeptieren unterschiedliche Entlohnungen, wenn sie die Leistungsunterschiede widerspiegeln.

Das neue Denken greift schon Bahn,
- dort, wo die Menschen im Gemeinwohl ihren individuellen Vorteil entdecken,
- dort, wo sie statt Wettbewerb die Resonanz als Gravitationsgesetz des Sozialen erfahren,
- dort, wo arbeitende Menschen sich im Respekt vor den je eigenen Leistungsbeiträgen begegnen.

Attac-Österreich: VISION DER DEMOKRATISCHEN BANK
(Der Text wurde von der Internetseite übernommen – siehe Anhang.)

1. GESELLSCHAFTLICHE AKTEURIN

Die Demokratische Bank wird Geld zu einem Mittel für den Zweck des Gemeinwohls machen. Geld ist nicht nur ein privates Gut, sondern wird auch zu einem öffentlichen Gut. Durch die demokratische Gestaltung wird Geld von einem Mittel der Macht und der Schaffung von Ungleichheit zu einem Mittel des Gemeinwohls und der Lebensqualität für alle.

Die Demokratische Bank ist der Herzschlag einer Region oder Gemeinde, sie versorgt die dort lebenden Menschen, Organisationen und Unternehmen mit Geld. Alle Menschen können an dieser Bank teilhaben, unabhängig von Partei, Religionszugehörigkeit, Herkunft, ökonomischem Status oder Geschlecht. Die Demokratische Bank wirkt sozial ausgleichend und hilft bei der solidarischen Weiterentwicklung des gemeinsamen Lebensraumes. Sie trägt dazu bei, die Gesellschaft als Organismus aufzufassen, an dem alle teilhaben, in dem alle miteinander verbunden und voneinander abhängig sind. So wird, wenn alle miteinander kooperieren, die Lebensqualität am höchsten.

2. DEMOKRATIE UND DEMOKRATISCHE PROZESSE

Die Demokratische Bank versteht sich als Vorreiterin zur beständigen Weiterentwicklung der Demokratie in der Gesellschaft – einerseits als Modell für eine demokratische Unternehmensorganisation und andererseits durch die Bereitstellung des Zugangs zu finanziellen Basisdienstleistungen für alle Menschen.

Jede und jeder kann Mitglied (Genossenschafter/in) der Bank werden. Die Mitglieder der Demokratischen Bank entwickeln demokratische Spielregeln für Entscheidungsprozesse und Organisationsentwicklung im Sinne der größtmöglichen Mitbestimmung, Transparenz und Gerechtigkeit und schreiben diese in den Statuten sowie der Geschäftsordnung fest.

Die Demokratische Bank ist eine Genossenschaft, da diese Rechtsform im derzeit gültigen Rechtsrahmen ein Höchstmaß an Mitbestimmung und gesellschaftsrechtlicher Flexibilität ermöglicht.

3. UMGANG MIT MITARBEITER/INNEN UND PARTNER/-INNEN

Die Demokratische Bank geht achtsam mit allen Menschen und Ressourcen wie Zeit, Energie und Geld um.

Die Demokratische Bank baut nach den Grundsätzen von Menschenwürde, Wertschätzung, Vertrauen und Transparenz nachhaltige und langfristige Beziehungen zu Mitarbeitern/innen und allen Partnern/innen auf und achtet und fördert dabei umfassend die Menschenrechte.

Die Demokratische Bank schafft sichere und dauerhafte Arbeitsplätze mit flexiblen Arbeitszeitmodellen. Die Mitarbeiter/innen erhalten unabhängig von ihrer Herkunft und Weltanschauung eine faire, gerechte und gleichstellungsorientierte Bezahlung, die durch demokratische Prozesse festgelegt wird.

4. DIE KUNDEN/INNEN DER DEMOKRATISCHEN BANK

Die Kunden/innen der Demokratischen Bank sind Privatpersonen, Unternehmen, Körperschaften öffentlichen Rechts, Vereine. Sie alle nehmen die Produkte und Dienstleistungen der Demokratischen Bank bewusst in Anspruch, weil sie damit einen Beitrag zum Gemeinwohl leisten wollen.

Im Umgang mit Kunden achtet die Demokratische Bank auf Menschenwürde und Gleichwertigkeit. Daher nehmen Mitarbeiter/innen die Lebensbedürfnisse, Gefühle und Meinungen der Kunden/innen gleich ernst wie die eigenen. Begegnungen finden auf Augenhöhe statt und kennzeichnen sich durch wichtige Elemente gelingender menschlicher Beziehungen wie Ehrlichkeit, Zuhören, Wertschätzung, Vertrauen und Sicherheit.

Die Demokratische Bank fördert ein Maximum an Kooperation innerhalb ihrer Kundenschaft. Ein besonderes Anliegen der Demokratischen Bank ist es, die systemischen, sozialen und ökologischen

Auswirkungen von Zinsen sichtbar zu machen und damit den Abschied vom Zinsanspruchsdenken zu ermöglichen.

5. GEMEINWOHL-ORIENTIERUNG

Die Demokratische Bank betreibt Gemeinwohlmaximierung und nicht Gewinnmaximierung.

Die Gemeinwohl-Orientierung wird jährlich in der Gemeinwohl-Bilanz dokumentier,t und deren dauerhafte Erfüllung durch alle Mitglieder der Demokratischen Bank geprüft.

Alle Kredite werden einer Gemeinwohl-Prüfung unterzogen, deren Ergebnis sich auf die Kreditvergabeentscheidung und die Kreditkonditionen auswirkt.

Die Demokratische Bank pflegt den Dialog mit allen zivilgesellschaftlichen Akteuren/innen, die das Gemeinwohl fördern und die Demokratie weiterentwickeln wollen.

6. VERWENDUNG VON ÜBERSCHÜSSEN

Überschüsse werden nach Bildung der vom Gesetz geforderten Rücklagen verwendet für

a) die Dotierung von Rücklagen für die Weiterentwicklung der Bank;
b) die Unterstützung gemeinwohlorientierter Projekte.

An die Genossenschafter/innen gibt es grundsätzlich keine Gewinnausschüttungen.

7. WIRTSCHAFTLICHKEIT UND EIGENKAPITALAUSSTATTUNG

Die Demokratische Bank strebt Kostendeckung an und bildet ausreichende Reserven, um ihre langfristige Weiterentwicklung und Stabilität zu sichern.

Die Bank strebt im langjährigen Durchschnitt eine Eigenkapitalquote an, die über den gesetzlichen Mindestvorgaben liegt. Dies wird als Voraussetzung für die umfassende Sicherheit der verwalteten Gelder angesehen.

8. GESCHÄFTE UND DIENSTLEISTUNGEN DER BANK

Im Unterschied zu den Spielbanken des globalen Finanzkasinos beschränkt sich die Demokratische Bank auf das Kerngeschäft von Banken, insbesondere das Einlagengeschäft, den Zahlungsverkehr (Girogeschäft) und das Kreditgeschäft. Das Angebot an Bankdienstleistungen orientiert sich am regionalen und globalen Gemeinwohl.

Die Demokratische Bank enthält sich aller hochriskanten, gemeinwohlschädigenden und menschenrechtlich problematischen Geschäftsfelder. Sie schöpft kein Geld und versucht, alle ausgegebenen Kredite mit Spareinlagen zu decken. Die Bank agiert so weit wie möglich entkoppelt von den herkömmlichen Geld- und Kapitalmärkten. Die Konditionen orientieren sich vor allem an der Kostendeckung und Reservenbildung.

Die Demokratische Bank sucht nach Wegen für die Bereitstellung von Risikokapital für ökologische, soziale, gemeinwohlfördernde und menschenrechtsfördernde Projekte.

Die Demokratische Bank kann als Ausgabe- und Verrechnungsstelle von Regionalgeld agieren, wenn die dafür nötigen gesetzlichen Bestimmungen vorhanden sind.

9. BILDUNGSAUFTRAG

Die Demokratische Bank versteht Bildung umfassend als Herzensbildung, Persönlichkeitsentwicklung und fachliche Qualifizierung. Bildung muss auf die volle Entfaltung der menschlichen Persönlichkeit und auf die Stärkung der Achtung von Menschenrechten gerichtet sein.

Die Demokratische Bank eröffnet Bildungsräume für Mitarbeiter/innen, Kunden/innen, Partner/innen und die interessierte Öffentlichkeit. Sie betreibt Aufklärungsarbeit über gemeinwohlfördernde Finanzpraktiken und schafft Bewusstsein zu den Themen Geld, Zinsen, Umverteilung und Demokratisierung.

10. POLITISCHE AKTEURIN

Die Demokratische Bank setzt sich für gerechte, nachhaltige, demokratische, transparente und menschenrechtskonforme Rahmenbedingungen sowohl für das Bankwesen als auch für das gesamte gesellschaftliche Zusammenleben aktiv ein. Die Demokratische Bank und ihre Mitglieder verstehen sich als FürsprecherInnen des Gemeinwohls und kommunizieren ihre Vision aktiv. Die Demokratische Bank und ihre Mitglieder agieren überparteilich, eigeninitiativ und in globalem solidarischem Bewusstsein.

WIE WIRD DIE DEMOKRATISCHE BANK?

PRÄAMBEL

Die Demokratische Bank ist eine von vielen Menschen ersehnte Alternative zu den Banken, die sich in den letzten drei Jahrzehnten mehr und mehr von ihrem ursprünglichen Gemeinwohl- und Versorgungsauftrag entfernt und Krisen mit verursacht haben.

Die Demokratische Bank will sich auf die dienenden Kernaufgaben einer Bank beschränken und damit dem Gemeinwohl (den Menschen, der Wirtschaft und der Umwelt) dienen. Die Bank sieht Kapitalvermehrung daher nicht als Zweck des Wirtschaftens, sie versteht Kapital vielmehr als Investitionsmittel und Geld als Tauschmittel.

Die Demokratische Bank wird deshalb Finanzgewinne nicht an ihre Mitglieder ausschütten, noch hohe Zinsen an die Sparerinnen und Sparer bezahlen, sondern gemeinwohlorientierte Projekte unterstützen, welche die Regionen, in denen die Demokratische Bank tätig ist, wirtschaftlich, kulturell, sozial und ökologisch fördern.

Im Herbst 2011 erarbeitete ein Team von Aktiven des Projekts Demokratische Bank eine umfangreiche Strategie. Im Zuge dieser Strategieentwicklung wurde ein Geschäftsplan erstellt und in Form einer Planbilanz und einer Plan-Gewinn- und Verlustrechnung berechnet. Darauf aufbauend werden die für die Antragstellung an die FMA (Konzessionsantrag) erforderlichen Unterlagen ausgearbeitet.

Das vorliegende Dokument fasst die wesentlichen Ergebnisse zusammen und verschafft einen Überblick über den aktuellen Stand des Projekts:

1. UNTERSCHEIDUNGSKRITERIEN VON HERKÖMMLICHEN BANKEN

1. Gemeinwohlorientierte Kreditvergabe

Kreditvergabe und Kreditkonditionen orientieren sich am Ergebnis einer Gemeinwohlprüfung. Projekte, die den Mindeststandards der Demokratischen Bank nicht entsprechen, werden nicht finanziert. Je höher der Gemeinwohlnutzen eines Vorhabens, desto günstiger wird der Kredit – bis hin zu Krediten, bei denen die Demokratische Bank nur ihre Selbstkosten deckt und keine Gewinnspanne aufschlägt.

2. Gemeinwohlorientierte Einlagezinsen

Die Demokratische Bank bietet grundsätzlich marktübliche Einlagezinsen, lädt aber ihre Einlagekunden zu einem freiwilligen – partiellen oder vollständigen – Zinsverzicht ein. Durch die Projekttransparenz hat die Sparerin/der Sparer einen zusätzlichen Anreiz, auf Zinsen zu verzichten und trägt zu einer Vernetzung der Kunden bei.

3. Verantwortungsbewusstsein und Kostentransparenz

Die Demokratische Bank verpflichtet sich zur größtmöglichen Transparenz hinsichtlich Mittelverwendung und Kosten. Zugunsten ihrer Kund/innen und Projekte minimiert sie ihre Repräsentationsausgaben.

4. Gemeinwohlorientierte Gewinnverwendung

Gewinne werden in der Demokratischen Bank nicht als Dividende ausgeschüttet. Vielmehr wird – neben dem Aufbau von Eigenkapital – ein Teil der Gewinne einem Sondervermögen zugeführt. Aus diesem werden soziale, ökologische und kulturelle Vorhaben gefördert, sowie Kredite für Projekte mit hohem Gemeinwohlnutzen, aber geringer Bonität besichert. Auch gebührenfreie Konten für sozial benachteiligte Menschen können dadurch angeboten werden.

5. Verzicht auf spekulative Eigengeschäfte

Die Demokratische Bank kehrt zu den Wurzeln des Bankgeschäfts zurück, und wird in erster Linie Geldverwaltung (Spareinlagen), Geldverkehr (Girokonten) und Geldvergabe (Kredite) anbieten. Die Demokratische Bank führt keine spekulativen Geschäfte auf dem Kapitalmarkt durch. Es wird lediglich der Geldmarkt (Zentralbanken und Partnerbanken) zur sicheren Veranlagung von Einlageüberschüssen genutzt.

6. Bildungsauftrag

Die Demokratische Bank informiert ihre Kunden uneigennützig, um den eigenverantwortlichen Umgang mit Geld und Kapital zu stärken. Beratung statt Verkauf steht im Vordergrund. Die Demokratische Bank vermittelt Wissen über die Grundsätze des Geldwesens und arbeitet zu diesem Zweck eng mit der „DemBa-Akademie" zusammen.

7. Demokratisch bedeutet für die Demokratische Bank:

• Jede Genossenschafterin und jeder Genossenschafter hat eine Stimme, unabhängig von der Anzahl der gezeichneten Genossenschaftsanteile.
• Die Einhaltung der Ziele und der angestrebten Unternehmenskultur der Demokratischen Bank unterliegen der Kontrolle durch demokratische Gremien. Damit wird sichergestellt, dass im Spannungsfeld zwischen Vision und betriebswirtschaftlichen Notwendigkeiten die Werte und Ziele der Demokratischen Bank nicht verlorengehen.
• Die Demokratische Bank versteht sich auch als politische Akteurin, die sich überparteilich für den Aufbau eines demokratischen, nachhaltigen und gerechten Geldsystems einsetzt. Zu diesem Zweck sucht sie die Zusammenarbeit mit gleichgesinnten Finanzinstitutionen und der Zivilgesellschaft.

2. KREDITE

2.1. Gemeinwohlprüfung und Kreditvergabe

• Bonitätsprüfung und Gemeinwohlprüfung sind zwei Kriterien, die bei der Kreditvergabe gleichermaßen berücksichtigt werden.
• Es gibt verschiedene Möglichkeiten, besonders gemeinwohlorientierte Projekte zu fördern:
-        Sondervermögen aus Gewinnen der Bank als „Sicherheit" für gemeinwohlorientierte Projekte,
-        Spenden können für gemeinwohlorientierte Projekte verwendet werden,

- Suche/Koordination von Menschen, die unentgeltlich oder gegen Entgelt Bürgschaften für Kreditwerber übernehmen wollen und damit die Kreditwürdigkeit herstellen/stützen.

2.2. Kreditprodukte und Fristigkeiten

• Sämtliche Kredite werden im Geschäftsplan mit variabler Verzinsung gerechnet. Diese ist an den Geldmarktzinssatz (Euribor, Euro Interbank Offered Rate) gekoppelt. Fremdwährungskredite werden nicht vergeben.
• Kredite werden grundsätzlich mit laufender Kapitaltilgung vergeben (Ratenkredite). Unternehmen und Vereinen kann die Demokratische Bank endfällige Kredite mit kurzer Laufzeit gewähren. Endfällige Kredite für Private gibt es nur in Form von Überziehungsrahmen.

2.3. Preisgestaltung

• Die Demokratische Bank gestaltet die Gesamtkreditkosten für die Kreditnehmer transparent.
• Der Preis eines Kredites ist von der Gemeinwohlorientierung des jeweiligen Projektes abhängig – je höher der Gemeinwohlnutzen, umso günstiger der Kredit. Ein Projekt, das keinen Gemeinwohlnutzen hat, aber nicht unter die Ausschlusskriterien der Demokratischen Bank fällt, wird mit marktüblichen Zinsen verrechnet.
• In der Demokratischen Bank werden Kontoüberziehungskredite mit der Zielsetzung, diese geringstmöglich zu halten, bepreist.

3. EINLAGEN

3.1. Grundsätze

• Die Demokratische Bank schafft Transparenz zwischen Einleger/innen und Kreditnehmer/innen.
• Durch ein Höchstmaß an Transparenz und Qualität sollen die Kundinnen und Kunden der Demokratischen Bank zur langfristigen Einlage ihrer Sparvermögen motiviert werden.
• Die Demokratische Bank schließt spekulative Eigengeschäfte mit den Einlagen aus. Überliquidität kann auf dem Interbankenmarkt oder bei der Nationalbank kurzfristig veranlagt werden.

3.2. Preisgestaltung

• Die Demokratische Bank setzt die Zinsen je nach Liquiditätsbedarf fest. Kund/innen werden eingeladen, freiwillig ganz oder teilweise auf Einlagezinsen zu verzichten.

• Umverteilungseffekte (günstige Kredite infolge von Einlagenzinsverzicht) basieren auf freiwilliger Basis. Die Freiwilligkeit ist ein wichtiges Selbstkontrollinstrument der Demokratischen Bank. Nur überzeugende Gemeinwohlprojekte werden Kundinnen und Kunden zum Zinsverzicht bewegen.

• Ein Inflationsschutz auf die Einlagen ist im derzeitigen Marktumfeld nicht realistisch, weil die Inflation höher als der marktübliche Zinssatz ist.

3.3. Mittelverwendung

• KundInnen können bei Spareinlagen Präferenzen für die Mittelverwendung angeben.

• Präferenzen der EinlagekundInnen und vergebene sowie zu vergebende Kreditprojekte werden transparent dargestellt (Website).

4. GIROKONTEN

• Guthaben auf Girokonten werden nicht verzinst.

• Kurzfristige Kontoüberziehungen sind individuell nach Beratung und in beschränktem Ausmaß möglich als eine Form des Kredits mit angemessener Verzinsung.

• Gebührenfreie Konten für sozial benachteiligte Menschen werden angeboten.

• Grundsätzlich wird eine kostendeckende Kontoführungsgebühr verrechnet. Genossenschafter/innen mit einer noch festzulegenden Mindestanzahl von Geschäftsanteilen erhalten ein gebührenfreies Konto.

5. EIGENKAPITAL UND GEWINNE

• Das gesetzliche Mindestkapital beträgt fünf Millionen Euro. Als Eigenkapital zum Gründungszeitpunkt werden zehn Millionen Euro angestrebt (=Annahme im Geschäftsmodell der Demokratischen Bank).

• Grundsätzlich hat jede Bank entsprechend ihrer gewichteten Risikoaktiva (insbesondere für Kredite) Eigenkapital zu halten. Vereinfacht: Je

1000 Euro Kredit muss die Bank mindestens 90 Euro unbelastetes Eigenkapital ausweisen (BASEL-Konzeption).

• Die Demokratische Bank geht in ihrem Geschäftsmodell von einem wesentlich über dem gesetzlichen Mindestkapital liegenden Eigenkapitalwert aus, um der Bank von Anfang an die notwendige Stabilität zu verleihen.

• In der Aufbauphase wird ein stetiges Wachstumsziel verfolgt. Sobald die Bank eine stabile Mindestgröße erreicht hat, sollen Gewinne zunehmend zur Förderung gemeinwohlorientierter Vorhaben verwendet werden. Dazu wird ein Sondervermögen aufgebaut, das unter anderem als Sicherheit für gemeinwohlorientierte und förderungswürdige Projekte dienen kann.

• Notwendiges Eigenkapital für Wachstum wird aus nicht ausgeschütteten Gewinnen generiert oder durch die Aufnahme weiterer Genossenschafter/innen aufgebracht.

6. PERSONAL

• Die Demokratische Bank startet mit zwei Geschäftsführer/innen (ein/e Geschäftsführer/in Markt und ein/e Geschäftsführer/ in Marktfolge/Risiko), zwei Mitarbeiter/innen im Kundenservice, Zahlungsverkehr und in der Beratung, einem/einer Mitarbeiter/in in der Kreditberatung (inkl. Administration) und drei Teilzeitkräften in den Informationsbüros. Weitere Supportaufgaben werden zu Beginn extern vergeben.

• Die Mitarbeiter/innen erhalten eine faire, gerechte und gleiche Bezahlung für Frauen und Männer. Es ist eine sehr geringe Gehaltsspreizung zwischen Geschäftsführung und Mitarbeiter/innen vorgesehen. Die Demokratische Bank geht achtsam mit allen Menschen und Ressourcen wie Zeit, Energie und Geld um.

7. REGIONALKONZEPT/VERTRIEB

• Die Demokratische Bank beginnt als Online-Bank mit einer Geschäftsstelle in Wien.

• Filialen sind teuer und erhöhen die Komplexität. Daher werden zunächst lokale Informationsstellen eingerichtet, die vor allem Kommunikationsaufgaben zwischen Kund/innen und der Bank erfüllen; darüber hinaus übernehmen sie regionale Marketingagenden und bereiten die Einrichtung von Filialen vor (mittelfristig im Business Case vorgesehen).

8. ERGEBNISSE GESCHÄFTSMODELL

• Das Geschäftsmodell umfasst einen Betrachtungszeitraum von zehn Jahren. Der Break-Even-Point (Gewinnschwelle) vor Steuern und Rücklagenbewegung wird nach dem dritten Geschäftsjahr erreicht. Ab dem siebten Geschäftsjahr wird mit einem deutlichen Anstieg des Gewinnes gerechnet.

• Das gerechnete Szenario für die Bank ist so konzipiert, dass nach sieben bis zehn Jahren eine stabile Größe erreicht ist.

Verein zur Förderung und Gründung einer Demokratischen Bank // ZVR.-Nr. 376475219

www.demokratische-bank.at - Stand: April 2012

Joseph Huber, Prof. Dr.: Die Vollgeld-Reform[5] / Monetative

(Der Text wurde von der Internetseite übernommen – siehe Anhang.)

Die Vollgeldreform

Wie kann man der außer Kontrolle geratenen Geldschöpfung Herr werden? Einen umfassenden Ansatz in dieser Richtung liefert Professor Joseph Huber_mit der von ihm angedachten "Vollgeld-Reform". Huber, Inhaber eines Lehrstuhls für Wirtschaftssoziologie an der Universität Halle, hatte dazu bereits 1998 ein erstes Konzept vorgelegt, das er nun in seinem aktuellen Buch „Monetäre Modernisierung" auf den neuesten Stand gebracht hat. Die Wurzeln seiner Idee lassen sich dabei unter anderem auf Vorschläge des amerikanischen Nationalökonomen Irving Fisher aus den 1930er Jahren zurückverfolgen.

Worum geht es? Kurz gesagt: Huber schlägt vor, Geldschöpfung und Kreditvergabe voneinander zu trennen. Die privaten Banken sollen Kredite vergeben, aber nicht mehr selbst das Geld dafür schöpfen dürfen. Dies soll allein einer unabhängig gestellten Zentralbank vorbehalten sein. Die Banken müssten fortan ihre Kreditvergabe im Wesentlichen aus den bei ihnen angelegten Spargeldern finanzieren. Viele glauben ja irrtümlicherweise, das sei bereits heute der Fall.

Um den Banken die weitere eigenmächtige Geldschöpfung unmöglich zu machen, sieht das Konzept vor, sämtliche Girokonten aus den Bilanzen der Banken auszugliedern. Das Geld auf diesen Konten stellt ab dem Zeitpunkt der Umstellung sogenanntes „Vollgeld" dar, das fortan den gleichen Status hätte wie Bargeld in der Brieftasche. Geht eine Bank pleite, bleibt das Geld erhalten, da es nicht mehr zur Bilanz des Unternehmens gehört, sondern lediglich von ihm verwaltet wird, ähnlich wie Aktien in einem Wertpapierdepot.

Man bräuchte deshalb auch keinerlei Mindestreservesystem wie heute mehr, bei dem Banken einen Teil ihrer ausgegebenen Kredite als Sicher-

---

[5] Huber, Joseph, Monetäre Modernisierung: Zur Zukunft der Geldordnung, etropolis-Verlag, Marburg 2011

heit bei der Zentralbank hinterlegen müssen. Das neue Vollgeld wäre vollkommen sicher, da aus den Bankbilanzen ausgelagert und vom gleichen rechtlichen Status wie von der Zentralbank ausgegebenes Geld.

Vielen wird auf den ersten Blick nicht gleich klar, wie gravierend die Folgen dieser Umstellung wären. Ohne dass das Konzept eine Bankenverstaatlichung oder ähnliches vorsieht, handelt es sich doch um eine Änderung der Spielregeln des Kapitalismus. Die Ironie dabei: Das Ergebnis der Reform wäre ein Zustand, von dem die meisten glauben, dass er heute bereits existiert. Kredite, die aus Spareinlagen finanziert werden; sicheres Geld auf dem Girokonto; eine Zentralbank, die die Geldmenge effektiv steuert. Um es noch einmal zu betonen: All das haben wir heute nicht.

Abbau der Staatsschulden

Das Konzept hat außerdem erhebliche Auswirkungen auf die Staatsfinanzen. Wenn nämlich nur noch die Zentralbank Geld schöpfen darf, fällt ihr natürlich auch der ausschließliche Geldschöpfungsgewinn zu - und geht den privaten Banken verloren. Auf Deutschland bezogen geht es dabei um eine Größenordnung von grob geschätzt etwa 50 Milliarden Euro pro Jahr - was einer der Hauptgründe für den zu erwartenden Widerstand aus den Reihen der Finanzwirtschaft sein dürfte.

Das Konzept sieht vor, dass die Zentralbank als von der Regierung unabhängige Instanz (verfassungsrechtlich ähnlich autonom wie die Gerichte) die genaue Summe Jahr für Jahr anhand der zu erwartenden wirtschaftlichen Entwicklung festlegt und sodann zins- und tilgungsfrei dem Finanzministerium gutschreibt. Das Parlament hätte zu entscheiden, für welche öffentlichen Aufgaben dieses Geld genutzt würde.

Diesen besonderen Punkt, also einen zins- und tilgungsfreien Zentralbankkredit für öffentliche Ausgaben, hatte übrigens in den 80er Jahren schon einmal SPD-Mann Klaus von Dohnanyi, damals Bürgermeister von Hamburg, vorgeschlagen.

Noch gravierender: Die Vollgeldreform ermöglicht, quasi im Nebeneffekt, den Abbau der Staatsverschuldung. Und das geht so: Nach der Umstellung auf ein Vollgeldsystem führen sämtliche Kreditnehmer ihre Tilgungszahlungen an die Banken ganz normal weiter fort. Da es sich hierbei aber um aus dem Nichts geschöpftes Geld der Banken handelt, und diese im Vollgeldsystem nicht nur kein Geld mehr schöpfen, sondern auch keine getilgten Kredite mehr verschwinden lassen können, müssen die Banken die Tilgungszahlungen ihrer Kunden an die Zentralbank weiterreichen, die die Beträge dann ihrerseits löscht. Auf diese Weise wird die Geldmenge im System mit jeder Tilgungszahlung kleiner, muss also fortlaufend wieder durch entsprechend neugeschöpftes Geld der Zentralbank ausgeglichen werden.

Da die gesamte Summe der umlaufenden Geldmenge per Kredit geschaffen wurde, bedeutet das auf Deutschland bezogen, dass einmalig etwa 1.300 Milliarden Euro gelöscht und neu von der Zentralbank geschöpft werden müssen - verteilt über die Restdauer der zum Zeitpunkt der Umstellung noch laufenden Kredite. Der Großteil dieser „Umtauschgeldschöpfung" wird sich, den gängigen Kreditlaufzeiten entsprechend, innerhalb von zwei bis vier Jahren ereignen. Dieses Geld nun könnte genutzt werden, um knapp zwei Drittel der kompletten Staatsschulden zu tilgen - in Deutschland derzeit etwa 2.000 Milliarden Euro.

Initiativerklärung der „Monetative" (www.monetative.org) **Geldschöpfung in öffentliche Hand**

Ein inflationsneutraler Zuwachs der Geldmenge entspricht dem zu erwartenden Wachstum der Realwirtschaft. So entsprechen nach heutigen Maßstäben 1-2-3 Prozent Wirtschaftswachstum in Deutschland einem Geldmengenzuwachs und somit einer Seigniorage in Höhe von 25-50-75 Mrd. Euro. Damit lassen sich 2,4 - 4,8 - 7,2 Prozent der öffentlichen Gesamtausgaben bestreiten.

Aktuell von besonderer Bedeutung ergibt sich die buchstäblich einmalige Gelegenheit, die drückende Staatsschuld in wenigen Jahren in erheblichem Maß abzubauen, geräuschlos und ohne schmerzliche Einschnitte. Denn mit der Reform tritt Vollgeld, das per Seigniorage in Umlauf kommt, an die Stelle des heutigen, verzinslich per Kredit geschöpften Geldes - zum einen des Giralgeldes, darüber hinaus des Interbanken-Giralgeldes sowie der Kreditschulden der Banken bei der Zentralbank.

Dieser verzinsliche Bestand an altem Kreditgeld würde im Verlauf weniger Jahre durch Vollgeld substituiert, woraus der öffentlichen Hand einmalig eine entsprechend hohe Übergangs-Seigniorage zuflösse. Damit kann der öffentliche Schuldenstand erheblich verringert werden. Anfang 2011 handelte es sich in Deutschland um Giralgelder in Höhe von 1.109 Mrd. Euro, darüber hinaus um Interbanken-Giralgeld von 135 Mrd. Euro und per Kredit aufgenommene Guthaben der Banken bei der Zentralbank in Höhe von 80 Mrd. Euro, zusammen 1.324 Mrd. Euro. Das entsprach knapp zwei Drittel der gesamten Staatsschuld in Höhe von 2.080 Mrd. Euro zu diesem Zeitpunkt.

Maßnahmen wie die Wiedereinführung einer Börsenumsatzsteuer oder erhöhte Eigenkapitalquoten der Banken werden nur wenig bewirken, solange nicht die *monetäre* Ursache der Banken- und Finanzkrisen behoben wird. Deshalb braucht es jetzt eine ordnungspolitische Antwort: Übergang vom Giralgeld zu Vollgeld und endgültige Etablierung der staatlichen Zentralbanken als unabhängige Monetative.

Prof. Dr. Joseph Huber, geb. 1948, ist Inhaber des Lehrstuhls für Wirtschafts- und Umweltsoziologie an der Martin-Luther-Universität Halle.

Lorenz Jarass, Prof. Dr. – Steuermaßnahmen zur nachhaltigen Staatsfinanzierung[6]
(Zusammenfassung aus dem unten genannten Buch.)

1. Steuer- & Sozialabgabenbelastung

(1.1) Die öffentlichen Haushalte sind strukturell unterfinanziert. Nicht zu niedrige Steuersätze sind die Hauptursache dafür, sondern eine Steuerpolitik, die seit Jahrzehnten die Effekte der Globalisierung nicht berücksichtigt hat: Nach der aus vorglobalen Zeiten überkommenen Systematik und Praxis der Steuererhebung können heute erhebliche Anteile von großen in Deutschland erworbenen Einkommen dem deutschen Fiskus entzogen werden, teils legal durch Steuervermeidung, teils illegal durch Steuerhinterziehung. Angesichts wachsender Aufgaben bei der Kinderbetreuung, im Jugend- und Bildungsbereich, im Bereich der öffentlichen Ordnung und zur Erhaltung und zum Ausbau der Infrastruktur ist eine Reform von Steuersystem und Steuererhebung erforderlich, die nachhaltiges staatliches Handeln wieder finanzierbar macht.

(1.2) Die Steuer- & Sozialabgabenbelastung wurde seit Anfang der 1980er Jahre immer mehr zu Ungunsten der Lohnempfänger verschoben. Arbeit musste in 2010 vier Fünftel der öffentlichen Aufgaben finanzieren, obwohl ihr Anteil am Volkseinkommen nur gut drei Fünftel beträgt. Die tatsächlich bezahlte Belastung von Lohneinkommen durch Steuer- & Sozialabgaben war in 2010 mit gut 45% mehr als doppelt so hoch wie die Steuerbelastung von Unternehmens- & Vermögenseinkommen, die nur gut 20% betrug. Diese Umverteilung von unten nach oben muss beendet werden.

(1.3) Die realen, d.h. preisbereinigten Volkseinkommen, Arbeitsentgelte und Unternehmens- & Vermögenseinkommen von 2000 bis 2015:

---

[6] Jarass, Lorenz, Steuermaßnahmen zur nachhaltigen Staatsfinanzierung, © 2012 der vorliegenden Ausgabe: MV Wissenschaft. Die Edition MV Wissenschaft erscheint im Verlagshaus Monsenstein und Vannerdat OHG, Münster.

- Das Volkseinkommen ist von 2000 bis 2010 um rund 8% gewachsen.
- Die Arbeitnehmer profitierten vom Wachstum nicht, ihre Nettolöhne sind – preisbereinigt – genauso hoch wie in 2000 und sollen bis 2015 trotz eines prognostizierten weiteren Wirtschaftswachstums nur um rund 5% steigen.
- Von 2000 bis 2010 bekamen den gesamten Zuwachs Unternehmens- & Vermögenseinkommen, die trotz des massiven Rückgangs in 2008 und 2009 um über 40% gestiegen sind und laut Prognose bis 2015 um weitere 22% steigen werden.

2. Einkommenbezogene Besteuerung

In Deutschland gibt es derzeit drei einkommenbezogene Steuerarten:
- Einkommensteuer,
- Körperschaftsteuer,
- Gewerbesteuer.

(2.1) Derzeit bleiben erhebliche Teile von in Deutschland erworbenen Einkommen dauerhaft in Deutschland unbesteuert. Insbesondere können in Deutschland erwirtschaftete Kapitalentgelte für Kredite (Schuldzinsen) und für Patente und Namenslizenzen (Lizenzgebühren) unbesteuert in Steueroasen fließen. Eine Bekämpfung von Steuervermeidung und Steuerflucht ist kurzfristig und EU-konform durch rein nationale Maßnahmen möglich.

Erforderliche Maßnahmen:
- Besteuerung der gesamten im Inland erwirtschafteten Kapitalentgelte, also wie bisher Gewinne, zukünftig aber auch geleistete Schuldzinsen und Lizenzgebühren, die dann nicht mehr unbesteuert in Steueroasen fließen können.
- Besteuerung nicht nur beim Empfänger, sondern auch an der Quelle, also beim Betrieb.
- Besteuerung unabhängig vom in- oder ausländischen Sitz des Kapitaleigentümers.

(2.2) Derzeit können in Deutschland Aufwendungen steuerlich geltend gemacht werden, auch wenn die resultierenden Erträge in Deutschland steuerfrei sind. Dies mündet in massiven deutschen Steuerverlusten und belohnt zudem den Abbau von deutschen Arbeitsplätzen und ihre Verlagerung in Niedriglohnländer.

Erforderliche Maßnahme:
- Kein steuerlicher Abzug von Aufwendungen, soweit resultierende Erträge steuerfrei sind.

(2.3) Durch die derzeit mögliche Verrechnung von Gewinnen und Verlusten zwischen gesellschaftsrechtlich unabhängigen Unternehmen eines Konzerns ist deren Steuerbelastung viel niedriger als die eines vergleichbaren Einzelunternehmens.

Erforderliche Maßnahme:
- Verlustverrechnung zwischen verbundenen Konzerngesellschaften ('steuerliche Organschaft') aufheben, und zwar sowohl bei der Körperschaftsteuer wie bei der Gewerbesteuer.

(2.4) Derzeit können Unternehmen Verluste aus früheren Jahren zeitlich unbegrenzt vortragen. Allein bei der Körperschaftsteuer betrugen in 2006 die Verlustvorträge 576 Mrd. €, über fünfmal so viel wie der körperschaftsteuerpflichtige Gesamtbetrag der Einkünfte aller Unternehmen von rund 104 Mrd. Euro.

Erforderliche Maßnahme:
- Verrechnung von Verlusten aus früheren Jahren stärker beschränken.

(2.5) Derzeit bleiben Wertsteigerungen vielfach unbesteuert. Die dadurch gebildeten unbesteuerten Vermögenswerte ('stille Reserven') sind eine vom Gesetzgeber geförderte Möglichkeit zur legalen Steuervermeidung und der Hauptgrund für die Komplexität der deutschen Unternehmensbesteuerung.

Erforderliche Maßnahme:
- Dauerhaft unbesteuerte Vermögenserträge verringern durch schrittweise Annäherung der Buchwerte an die Verkehrswerte.

(2.6) Die Gewerbesteuer dient zur Finanzierung der kommunalen Infrastrukturaufwendungen, die bei der tatsächlichen Sitzgemeinde jedes einzelnen Betriebes anfallen. Die Gewerbesteuer muss deshalb dort erhoben werden, wo der Betrieb seine Kapitalentgelte tatsächlich erwirtschaftet.

Erforderliche Maßnahmen:
- Deutlich höheren Anteil der geleisteten Schuldzinsen und Lizenzgebühren der Gewerbesteuer unterwerfen.
- Keine Verlustverrechnung zwischen einzelnen Betriebsstätten.

(2.7) Private Kapitaleinkünfte brauchen vom Steuerpflichtigen nicht mehr in der Steuererklärung angegeben werden, vielmehr wird die Abgeltungssteuer von 25% ohne Namensnennung des Steuerpflichtigen von der zuständigen Bank an den Fiskus abgeführt. Der Fiskus hat damit keinerlei Informationen mehr über die tatsächlichen Kapitalerträge der einzelnen Steuerpflichtigen.

Erforderliche Maßnahmen:
- Angabe aller Einkünfte aus Kapitalvermögen in der Einkommensteuererklärung.
- Versteuerung dieser Einkünfte nicht mehr pauschal mit 25%, sondern nach dem persönlichen Einkommensteuersatz.

(2.8) Derzeit bestehen massive Anreize für Steuerverwaltung und Gerichte, dem Steuerbetrüger bei einem Geständnis eine Bewährungsstrafe zuzusichern. Dies schädigt die allgemeine Steuermoral und verringert den Anreiz für Selbstanzeigen.

Erforderliche Maßnahme:
- Steuerbetrug über 1 Mio. € zwingend mit einer Gefängnisstrafe ohne Bewährung ahnden.

3. Vermögenbezogene Besteuerung

In Deutschland gibt es derzeit vier vermögenbezogene Steuerarten:
- Vermögensteuer (Erhebung derzeit ausgesetzt),
- Grundsteuer,
- Grunderwerbsteuer,
- Erbschaftsteuer.

(3.1) Die netto resultierenden Unternehmens- & Vermögenseinkommen lagen in 2010 mit 503 Mrd. € beim gut Vierfachen der darauf insgesamt bezahlten Steuern. Dies steht im deutlichen Kontrast zu den Nettolöhnen, die mit 684 Mrd. € nur wenig über den darauf insgesamt bezahlten Steuer- & Sozialabgaben von 574 Mrd. € Mrd. € lagen.

(3.2) Die tatsächlich bezahlte prozentuale Belastung von Unternehmens- & Vermögenseinkommen war in 2010 nur rund halb so hoch wie die Belastung von Arbeitsentgelten (Abb. 6.3), wesentlich bedingt durch die – auch im internationalen Vergleich – sehr niedrige Belastung von nur rund 3% durch vermögenbezogene Steuern wie Vermögensteuer, Grund- und Grunderwerbsteuer sowie Erbschaft- und Schenkungsteuer.

(3.3) Das Nettovermögen beträgt in Deutschland durchschnittlich gut 100.000 € pro Person, ist allerdings sehr ungleich verteilt:

- Das reichste Zehntel der Bevölkerung besitzt rund sechs Zehntel des Vermögens.
- Die folgenden zwei Zehntel der Bevölkerung besitzen drei Zehntel des Vermögens (häufig eigengenutzte Immobilien).
- Die folgenden zwei Zehntel der Bevölkerung besitzen ein Zehntel des Vermögens (häufig eigengenutzte Immobilien).
- Die verbleibende Hälfte der Bevölkerung hat keinerlei Vermögen oder sogar netto Schulden.

(3.4) Eine maßvolle Besteuerung der erzielbaren Erträge von korrekt zu Marktpreisen bewerteten Vermögen wurde vom Bundesverfassungsgericht bereits 1995 ausdrücklich für zulässig erklärt, doch bis heute nicht durch entsprechende Gesetzgebung in Kraft gesetzt.

Erforderliche Maßnahmen:
- Vermögensteuer auf alle größeren Vermögen erheben, und zwar auf deren Verkehrswerte.
- Einführung einer Bundesimmobiliensteuer als Teil einer allgemeinen Vermögensteuer.

(3.5) Die Grundsteuererhebung erfolgt weiterhin auf der Grundlage der zuletzt 1964 bestimmten Einheitswerte. Im klaren Widerspruch zur grundsätzlich geltenden Rechtslage hat der Gesetzgeber (ähnlich wie bei der Vermögensteuer) geltendes Recht außer Kraft gesetzt und eine Aktualisierung der Einheitswerte seit 1964 verhindert.

Erforderliche Maßnahme:

- Kommunale Grundsteuer auf Verkehrswerte erheben.

(3.6) Die Erbschaft- und Schenkungsteuer wird zwar seit 2009 auf Verkehrswerte erhoben, allerdings wurden alle als Betriebsvermögen deklarierbaren Vermögenswerte ganz oder überwiegend von einer Besteuerung freigestellt.

Erforderliche Maßnahme:

- Erbschaftsteuer auf alle größeren Erbschaften und ohne Ausnahmen erheben.

(3.7) Eine Finanztransaktionssteuer könnte die Instabilität von Wechselkursen, Rohstoffpreisen und Aktienkursen mildern und hat ein sehr hohes Ertragspotenzial.

Erforderliche Maßnahme:

- Finanztransaktionssteuer einführen.

4. Verbrauchbezogene Besteuerung

Verbrauchbezogene Steuern sind Mehrwertsteuer, Energie- und Stromsteuern, Kfz-Steuern, Tabak- und Alkoholsteuern, Erträge aus dem Verkauf von CO_2-Zertifikaten etc. Von diesen Steuern wird hier mit der Mehrwertsteuer nur die wichtigste und aufkommenstärkste Steuer näher betrachtet.

Die Erhebung der Mehrwertsteuer ist nicht nur mit einem hohen Verwaltungsaufwand bei Unternehmen und Finanzverwaltung verbunden, sie lädt auch geradezu zur Steuerhinterziehung ein. Die Mehrwertsteuer wird nämlich dem gewerblichen Rechnungsempfänger als Vorsteuer erstattet, auch wenn er die Rechnung gar nicht bezahlt hat und auch wenn der Rechnungsaussteller gar keine Mehrwertsteuer an das Finanzamt abgeführt hat.

Erforderliche Maßnahme:

- Mehrwertsteuer erst nach Bezahlung der Rechnung dem Kunden erstatten und beim Lieferanten erheben.

5. Offene Fragen und erforderliche Untersuchungen

Die vorgeschlagenen Reformmaßnahmen müssen vor ihrer Durchführung in mehrfacher Hinsicht genauer untersucht und Antworten auf zahlreiche offene Fragen erarbeitet werden.

Prof. Dr. Lorenz Jarass, M.S (Stanford Universität / USA), lehrt an der University of Applied Science, Wiesbaden

REGION

Reinhard Stransfeld Dr.: Das Regionalprinzip (Originalbeitrag)

Warum Regional?

> *„Es ist also klar, dass dies der beste Maßstab für einen Staat ist: die höchste Zahl der Einwohner, die noch überschaubar bleibt und ein Leben in Autarkie ermöglicht. Dies sei also hinsichtlich der Größe des Staates festgelegt."*

Vor mehr als zwei Jahrtausenden hatte Aristoteles eine Antwort auf die Frage nach der optimalen Größe menschlicher Gemeinschaften gefunden. Man wird berechtigt einwenden, dass diese Festlegung für eine vornehmlich landwirtschaftlich dominierte Gesellschaft des Altertums zutreffend gewesen sein mag, jedoch in der globalisierten Welt einer hochtechnologischen Kultur überholt sei.

Tatsächlich? Freiheit sei nur unter den Voraussetzungen der Autarkie und Souveränität möglich, stellt Aristoteles im Weiteren fest. Gegenwärtig ist Souveränität angesichts der Forderung ihrer Preisgabe zugunsten des europäischen Rettungsschirms zum Verfassungsproblem geworden. Und bereits vor einiger Zeit sorgte sich die damalige Präsidentin des Bundesverfassungsgerichts, Jutta Limbach, darum, dass wirtschaftliche oder gesellschaftliche Krisen die Demokratie und damit die Garanten der Freiheit aushöhlen könnten. Urplötzlich gewinnen die Schriften ehrwürdiger Philosophen des Altertums aktuelle Bedeutung.

Wie immer wir „Gemeinschaft" betrachten - Familie, Clan, Dorfgemeinschaft, Region oder Staat - stets geht es um das ‚Innen' und ‚Außen' und um die Grenze, die diesen Dualismus definiert und aufrecht erhält. Bei Familien oder Clans sind die Grenzen nicht ohne weiteres erkennbar, dennoch durch Kohäsionseigenschaften sozialer Systeme, wie Identität, Vertrauen und Gemeinsinn wirksam. Das gilt durchaus auch für räumlich definierte Gemeinschaften, diese verfügen zusätzlich über mehr oder weniger formal bestimmte Grenzen.

Durch Kooperation und Austausch gewinnen alle sozialen Systeme an Lebensqualität zugunsten ihrer Bewohner. Die Kulturgeschichte ist allerdings durch Raub, Krieg und Ausbeutung mittels Sklaverei geprägt – ethisch unakzeptierbare, aber über Jahrtausende höchst wirksame Methoden der Ressourcenbeschaffung und geschuldet dem Drang nach räumlichem und bevölkerungsmäßigem Wachstum als Basis von Macht.

Mit dem Aufkommen der modernen Technik als Motor der Wertschöpfung trat wirtschaftliche Kraft, sich in der Eigeninitiative von Individuen entfaltend, in den Fokus. Verstanden als Freiheit, artikulierten sich diese Interessen zunächst durchaus progressiv gegen die Allmacht des absolutistischen Staates, rangen ihm das Institut einer bürgerlichen Verfassung ab und schufen damit die Voraussetzungen für das Entstehen der modernen Demokratien.

Daraus sind Entwicklungen hervorgegangen, in denen viele wie verunsicherte Zauberlehrlinge hantieren. Andere fühlen sich als ökonomische Hexenmeister berufen, die Dinge nach ihrem Gutdünken zu gestalten, ungeachtet der Folgen für eine große Mehrheit der Bevölkerung und für die Zukunft. Einmal mehr erweist sich ein großer gesellschaftlicher Umbruch, der Weg in die Moderne, als janusköpfig.

Um Regionalität als den wohl einzigen Ausweg zu verstehen, ist es hilfreich, sich die heutigen Verhältnisse in ihren großen Entwicklungslinien zu vergegenwärtigen.

Soziale Systeme brauchen Grenzen, um Identität und Vertrauen als Grundlage für gemeinschaftlichen Nutzen herausbilden zu können. Der Nationalstaat stellt wohl die letzte Stufe dieser Entwicklung dar, in der bestimmte Grundvoraussetzungen erfüllt sind: Staatsvolk, Staatsgebiet, Staatsordnung, Staatsidentität als integriertes Ganzes.

In dieser Phase kultureller Entwicklungen hatten die Länder Mitteleuropas dank Ordnung, Organisation und Technik in den sechziger Jahren des 20. Jahrhunderts Verhältnisse erreicht, in denen die Grundbedürfnisse der Bevölkerung befriedigt werden konnten. Die Chance für eine Weichenstellung in eine Zukunft, in der andere als ökonomische Prioritäten möglich gewesen wären, war da, sie wurde nicht ergriffen.

Ein wesentlicher Grund lag im drohenden Machtverlust ökonomisch führender Gruppierungen der Industrie und der Banken. Angesichts der sich abzeichnenden Grenzen des Wachstums auf heimischen Märkten drängten diese Kräfte auf eine Öffnung, um andere Märkte erschließen und dank des damit erreichbaren Kapitalzugewinns die Vorherrschaft aufrechterhalten und stärken zu können. Der Neoliberalismus kam da als Rechtfertigungsideologie wie gerufen.

Seitdem dient der vorgeblich unabwendbare globale Wettbewerb als Menetekel eines drohenden Niedergangs, um Gefügigkeit zu erzwingen und die Politik dem Markt zu unterwerfen, auf Kosten kultureller und sozialer Errungenschaften.

Länder mit unterschiedlichen sozialen und ökologischen Standards werden auf den entgrenzten Märkten mittels des Profits als einzig gültigem Maßstab gegeneinander ausgespielt. Weltweit agierenden Spekulanten wurde Raum gegeben, die Realwirtschaften zu plündern, Währungen zu verzocken und Staaten zu ruinieren. Ehemals seriöses Bankwesen leistet Komplizenschaft. Und über allen Köpfen schwebt ein Damoklesschwert in Gestalt des Imperativs: Sei marktfähig, sonst...!

Darüber hinaus stellt ein globales System als solches allein aufgrund seiner Komplexität eine Gefahr dar. Ursache und Wirkung lassen sich nicht mehr eindeutig bestimmen, Verantwortung nicht mehr zuordnen. Fehler pflanzen sich fort und können zu Katastrophen kumulieren. Und oft ist nicht mehr entscheidbar, wie Ordnung und Stabilität dauerhaft gewährleistet werden können. Die Überhitzung der Finanzmärkte legt eklatantes Zeugnis dafür ab, was geschieht, wenn Teilsysteme ein Eigenleben entwickeln und unter den Einfluss parasitärer Interessen geraten.

Hatten in der Bundesrepublik der siebziger Jahre noch mehr als 90 Prozent der Menschen eine gesicherte Lebensperspektive, ist es im heutigen Deutschland kaum noch die Hälfte. Der größere Teil des Weges in die 20:80-Gesellschaft, apokalyptische Prophetie auf der berühmt-berüchtigten San-Francisco-Konferenz im Jahr 1996, ist zurückgelegt. Schritt für Schritt erodieren die Bürgerrechte, schließlich das Existenzrecht. Höchste Zeit also für eine Einkehr und Umkehr.

Was muss das letztliche Ziel sein? Einst postulierte John Locke das Selbsterhaltungsrecht als ein Naturrecht, vor allen anderen Rechten stehend: Der Mensch sei nicht nur Eigentümer seiner selbst und damit seiner Arbeit, sondern auch berechtigt, der Natur ein angemessenes Stück (durch Arbeit) zu entnehmen, um sich selbst zu erhalten.

Darum geht es: den Selbsterhalt der Menschen als einen elementaren Anspruch zu gewährleisten. Dies nicht lediglich niedergeschrieben als Rechtsanspruch, sondern real – als eine politisch-ökonomische Wirklichkeit, die einst Aristoteles mit den Begriffen der Autarkie und Souveränität charakterisiert hat und die später mit einem sozialdynamischen Fokus im Subsidiaritätsprinzip Ausdruck gefunden hat: „Was wir selbst tun können, tun wir selbst."

Dies muss der Ausgangspunkt sein, und es gilt, Vorstellungen über die Beschaffenheit der Gesellschaft zu entwickeln, die dies zuwege bringen kann. Dann - und erst dann - können Wertvorstellungen umgesetzt werden, die den fatalen Begleiterscheinungen einer marktfundamentalistischen Ökonomie das Bild einer humanen Gesellschaft entgegenstellen. Darin sind Politik und Recht neu verfasst, und der Wirtschaft die ihr geziemende, dienende Funktion zugewiesen mit den Maßgaben:

- Vorrang der Nachhaltigkeit vor dem Profit
- Vorrang der Kooperation vor der Konkurrenz
- Vorrang der Balancen vor dem Wachstum
- Vorrang der Arbeit vor dem Kapital
- Vorrang des Gemeinwohls vor dem Eigennutz

Das Selbstverfügungsvermögen einer Gesellschaft setzt die integrative Einheit von Volk, Territorium, Ordnung und Identität voraus, also die Grundtatbestände der Staatsbildung. Das allerdings hatten wir bereits, und wie wir zunehmend erfahren müssen, reicht es für sich nicht aus, um die Gesellschaft in ihrer Werthaltigkeit dauerhaft zu gewährleisten. Weitere Elemente müssen hinzutreten: der Kanon der Demokratieprinzipien, als da sind Transparenz, Kontrolle und Beteiligung – nicht lediglich proklamiert, sondern umgesetzt.

Damit ist der Fokus auf einen weiteren zentralen Aspekt gerichtet: Größe. Ein sehr komplexes System ist mit den Anforderungen der Transparenz und Kontrolle nicht vereinbar. Wir erleben gegenwärtig in Europa und seit langem in den USA und in der Sowjetunion, wie auch im Nachfolger Russland, wie mangels Transparenz, Kontrolle und Beteiligung Machtkonzentrationen entstehen, die sich der gemeinsamen Identität und Verantwortung entziehen und sich auf Kosten der Bevölkerung entfalten. Bernard Mandeville brachte dies bereits vor annähernd dreihundert Jahren auf den Punkt:

„Für Tugend hat's

in großen Staaten nicht viel Platz. "

Allerdings ist ,Nicht-Größe' keine Garantie für Tugend, dies zeigt der Blick auf abschreckende Beispiele in Lateinamerika und Afrika und auf die jüngere Vergangenheit in Europa. Jedoch ist das Element der ,Überschaubarkeit', daraus die Anmutung der ,Betroffenheit', der Verwirklichung einer „Humangesellschaft" vorausgesetzt.

Und Autarkie? Selbst die griechische Stadtgesellschaft (mit ihren durch Sklaven bewirtschafteten Landgütern), auf die sich Aristoteles' Betrachtungen bezogen, war auf die Zulieferung etwa von Metallen angewiesen. Autarkie ist also nicht als ein Absolutum gesetzt, sondern als Maxime weitmöglichster Annäherung zu verstehen.

Die räumliche Ausdehnung einer nach Autarkie strebenden Gesellschaft muss heute deutlich größer sein. Es scheint, dass in der Gegenwart Staaten mit vier bis zwölf Millionen Einwohnern einen guten Kompromiss zwischen den widersprechenden Anforderungen einer weitgehenden Selbstversorgung und der Überschaubarkeit, also begrenzter Komplexität, darstellen.

Wie ordnet sich Deutschland in dieses Bild ein? Ist unser rohstoffarmes Land zur Öffnung, zum Export verdammt, um unverzichtbare Rohstoffe bezahlen zu können? So wird der Drang auf den Thron des Exportweltmeisters jedenfalls begründet. Ja...aber, lautet die korrekte Antwort. Gegenwärtig importiert das Land das Sechsfache und exportiert das Siebenfache dessen, was es braucht, um jene Güter zu erwerben, die es nicht selbst gewinnen beziehungsweise erzeugen kann.

Der Export an Industriegütern steht zum Inlandsprodukt in einem Verhältnis von etwa 40 : 100. Der Wertschöpfungsanteil der industriellen Produktion an der inländischen Wertschöpfung liegt jedoch unter 20 Prozent. Wir exportieren, um importieren zu können, um exportieren zu können. Dafür wurde die Landwirtschaft industrialisiert und flächendeckend Industrien der mittleren Techniken (Textil, Spielzeug, Werkzeug, Schuhe, Fahrräder, Büromaterial und viele andere) preisgegeben. Für eine höchsttechnisierte Produktion mit vergleichsweise wenigen, dafür extrem produktiven Arbeitsplätzen, wurden Millionen Arbeitsplätze vernichtet, die Menschen mit mittleren Abschlüssen und händischen Talenten Beschäftigung boten – also die Möglichkeit des Selbsterhalts durch eigener Hände Arbeit gewährt hatten. Dies zum Nutzen des großen Kapitals.

Das in der Verfassung im Artikel 23 niedergeschriebene Subsidiaritätsprinzip muss über die föderative Struktur hinaus in der Wirtschaft realisiert werden. Es gilt, in der Rahmenordnung die Wiederbelebung regionaler Wirtschaftskreisläufe zur Deckung der Grundbedürfnisse im Bereich der Ernährung, der Energie und des Wohnens als Minimalziel festzulegen. Das gilt insbesondere auch auf nächsthöherer Ebene für Deutschland als Staat.

Systeme brauchen Grenzen. Innerhalb dieser Grenzen ist der Fortbestand der gemeinsamen Identität und des Vertrauens möglich. Die Grenzen sind teildurchlässig für das, was unverzichtbar ist und darüber hinaus in einem Maß, welches die regionalen Wirtschaftskreisläufe nicht durch Lohndumping gefährdet. Die Grenze wird wesentlich durch eine Binnenwährung gesichert, die nur innerhalb der Grenzen Geltung hat und durch ein Paritätsgefälle zum Euro den Druck seitens der globalen Märkte dämpft, so dass er kein existenzgefährdendes Niveau erreichen kann. Die globale Finanzspekulation kann diesen Schirm nicht durchdringen und somit die Gemeinschaft nicht zerrütten.

Dies ist übrigens die einzige Chance für ein Land wie Griechenland, das praktisch über keine Industrie verfügt und als vornehmlich agrarisch strukturiertes Land inzwischen doppelt so viel Nahrungsmittel importiert, wie es exportiert. Das Land täte gut daran, sich dem Diktat der Regeln für europäische Super-Marktfilialen zu entziehen, um nach einer längeren - und durchaus entbehrungsreichen - Lernphase wieder wirtschaftlich und sozial lebensfähig zu werden und seine Eigenständigkeit zu bewahren.

Biodiversität ist eine der erfolgreichsten Errungenschaften der Evolution, und alle finden sie prima. Umso erstaunlicher, dass nicht gleichermaßen Soziodiversität als Kontrastmodell zum globalen Normierungszwang bisher dieselbe Wertschätzung genießt. Das sollten wir ändern.

(Dr. Reinhard Stransfeld ist promovierter Soziologe.)

SOZIALE SICHERUNG

Netzwerk Grundeinkommen[7]
(Der Text wurde von der Internetseite übernommen – siehe Anahng.))

Die Idee

Ein *Grundeinkommen* ist ein Einkommen, das eine politische Gemeinschaft bedingungslos jedem ihrer Mitglieder gewährt. Es soll

- die Existenz sichern und gesellschaftliche Teilhabe ermöglichen,
- einen individuellen Rechtsanspruch darstellen sowie
- ohne Bedürftigkeitsprüfung und
- ohne Zwang zu Arbeit oder anderen Gegenleistungen garantiert
  werden.

Das Grundeinkommen stellt somit eine Form von Mindesteinkommenssi-
cherung dar, die sich von den zurzeit in fast allen Industrienationen existierenden Systemen der Grund- bzw. Mindestsicherung wesentlich un-
terscheidet. Das Grundeinkommen wird erstens an Individuen anstelle
von Haushalten gezahlt, zweitens steht es jedem Individuum unabhängig
von sonstigen Einkommen zu, und drittens wird es gezahlt, ohne dass
eine Arbeitsleistung, Arbeitsbereitschaft oder eine Gegenleistung verlangt wird.

Für ein Grundeinkommen werden viele Argumente angeführt:

- mehr Autonomie für Unternehmerinnen und Unternehmer durch
  deren Befreiung von der Verantwortung als „Arbeitgeber",

---

[7] www.grundeinkommen.de

- mehr Autonomie für Arbeitnehmerinnen und Arbeitnehmer durch die grundsätzliche Möglichkeit der Nicht-Erwerbstätigkeit bzw. einer sinnvollen Tätigkeit außerhalb der Erwerbsarbeit,
- mehr Autonomie für alle durch die Sicherung von Existenz und einer Beteiligung am gesellschaftlichen Leben ohne Wenn und Aber,
- größere Unabhängigkeit bei der Suche nach einem Erwerbseinkommen,
- größere Verteilungsgerechtigkeit,
- Anreiz zu größerer Wertschöpfung und zu Rationalisierung,
- Flexibilität des Arbeitsmarktes,
- größere Effizienz des Sozialstaates,
- Wahrung der Würde aller Menschen und die Beseitigung von Stigmatisierungen vor allem bei den gegenwärtig Erwerbslosen und Sozialhilfebeziehern,
- Humanisierung der Arbeit,
- Förderung der Bildung,
- Stärkung der Familien und Steigerung der Geburtenrate,
- Förderung von Existenzgründungen wie auch von ehrenamtlichen Tätigkeiten,
- Förderung von Kreativitätspotenzialen durch die Möglichkeit der Muße ... und vieles mehr.

Diese guten Gründe für ein Grundeinkommen gelten in jeder Gesellschaftsordnung und bei Vollbeschäftigung ebenso wie bei Arbeitslosigkeit. Aber es ist das Scheitern aller bisherigen Versuche zur Lösung des Problems der Massenarbeitslosigkeit, wodurch in den letzten Jahrzehnten die Grundeinkommensidee weltweit immer mehr Rückhalt bei Bürgerinnen und Bürgern, in der Wissenschaft und in Organisationen gewonnen hat. In Deutschland nimmt seit der Verabschiedung der Hartz-IV-Gesetze Mitte 2004 das Interesse am Grundeinkommensvorschlag stark zu. Er wird als grundlegende Alternative zur Politik des Druckausübens auf Erwerbslose und Sozialhilfebezieher und zur zunehmenden Prekarisierung gesehen. In der ganzen Welt schließen sich mehr und mehr Menschen in Netzwerken zusammen, um das Grundeinkommen durchzusetzen. Das deutsche Netzwerk Grundeinkommen wurde 2004 gegründet. Es ist der deutsche Zweig des Basic Income Earth Network (BIEN).

Gleichwohl sind viele mit dem Grundeinkommen nicht einverstanden. Es gibt Diskussionen um die richtige Höhe des monatlichen Betrags, um die Wirkungen auf die einzelnen Bürgerinnen und Bürger sowie auf die Gesamtwirtschaft und das politische Gemeinwesen. Immer wieder wird auch bezweifelt, dass eine Finanzierung überhaupt möglich sei. Diesen Argumenten und Vorbehalten haben wir unsere Haltung gegenübergestellt und in **Fragen und Antworten** zusammengefasst. Die Erörterung soll für Klarheit sorgen und dazu beitragen, eine breite Unterstützung für die Forderung nach dem bedingungslosen Grundeinkommen zu erlangen.

Es gibt eine große Bandbreite von **Modellvorschlägen**. Sie unterscheiden sich in der Höhe des Grundeinkommensbetrags, in den Quellen seiner Finanzierung, in der Art und Größe der Einsparung anderer Transferzahlungen, im Verhältnis zu den Sozialversicherungen, bei arbeitsmarktpolitischen Regulierungen und in vielen weiteren Einzelheiten.

Viele namhafte Wissenschaftlerinnen und Wissenschaftler haben sich weltweit für ein Grundeinkommen ausgesprochen, unter ihnen zwei Nobelpreisträger der Wirtschaftswissenschaften. Die Forschung zu diesem Thema wird immer intensiver. In einigen Ländern beginnen Spitzenpolitikerinnen und -politiker, auch von Regierungsparteien, die Grundeinkommensidee zu unterstützen. Die **Literatur** zu den ökonomischen, sozialen, politischen, ethischen und rechtlichen Aspekten des Grundeinkommens wächst unablässig.

Christoph Butterwegge, Prof. Dr. - Die solidarische Bürgerversicherung[8]

Wir befinden uns gegenwärtig an einer sozialpolitischen Weggabelung: Der moderne Wohlfahrtsstaat droht zu zerfallen in einen Wohlfahrtsmarkt, auf dem zahlungskräftige Bürger/innen die von ihnen benötigten Leistungen selbst kaufen, und einen diesen ergänzenden Wohltätigkeitsstaat, der sozial Bedürftige mit Almosen abspeist bzw. auf die Privatwohltätigkeit, das zivilgesellschaftliche Engagement und karitative Aktivitäten verweist. Wenn man davon ausgeht, dass der Sozial(versicherungs)staat deutscher Provenienz nicht antiquiert, vielmehr nach entsprechenden Modifikationen durchaus in der Lage ist, den neuen Anforderungen zu genügen, die an ihn aufgrund veränderter Arbeits-, Lebens- und Familienformen gestellt werden, besteht die Hauptaufgabe darin, für seine Weiterentwicklung (statt des Abbaus) zu werben und auf dieser Basis überzeugende Modelle bzw. Konzepte zu präsentieren. Es gilt, einen grundlegenden Richtungswechsel der Regierungspolitik zu erreichen, eine neue Kultur der Solidarität zu schaffen, auf der Finanzierungs- ebenso wie auf der Leistungsseite notwendige Korrekturen vorzunehmen und dabei originelle Ideen einer umfassenden Strukturreform aufzugreifen, ohne die bewährte Wohlfahrtsstaatsarchitektur in Frage zu stellen.

Bürgerversicherung: allgemein, einheitlich und solidarisch

Während ein bedingungsloses Grundeinkommen einen radikalen Bruch mit der Bismarck'schen Tradition eines überwiegend beitragsfinanzierten Sicherungssystems darstellt, würde eine Bürgerversicherung, die allgemein, einheitlich und solidarisch sein müsste, daran anknüpfen und es auf sinnvolle Art weiterentwickeln.

1. *Allgemein* zu sein bedeutet, dass die Bürgerversicherung sämtliche dafür geeignete Versicherungszweige (Kranken-, Pflege- und Rentenversicherung) umfassen muss. Zu Recht stellt die Gesetzliche Unfallversicherung bereits heute einen Sonderfall dar, da sie nicht paritätisch, sondern ausschließlich über Arbeitgeberbeiträge finanziert wird. Der einzige un-

---

[8] Siehe: Literaturverzeichnis

berücksichtigte Versicherungszweig, die Arbeitslosenversicherung, könnte in eine „Arbeitsversicherung" umgewandelt werden, die auch alle Selbstständigen und Freiberufler/innen aufnimmt.

2. *Einheitlich*keit heißt, dass neben der Bürgerversicherung keine mit ihr konkurrierenden Versicherungssysteme existieren dürfen. Den Veränderungen am Arbeitsmarkt sollte durch die Ausdehnung der Versicherungspflicht Rechnung getragen werden. Weil abhängige und selbstständige Arbeit, Selbstständigkeit und sog. Scheinselbstständigkeit zunehmend fließend ineinander übergehen, bedarf es einer Versicherungspflicht *aller* Erwerbstätigen, einschließlich jener Gruppen, die bislang in Sondersystemen bzw. zu besonderen Bedingungen abgesichert werden (Beamte, Landwirte, Handwerker, Künstler, freie Berufe). Private Versicherungsunternehmen müssten sich auf die Abwicklung noch bestehender Verträge (Wahrung des Bestandsschutzes), Zusatzangebote und Ergänzungsleistungen beschränken.

3. *Solidarisch* zu sein meint, dass die Bürgerversicherung zwischen ökonomisch unterschiedlich Leistungsfähigen einen sozialen Ausgleich herstellen muss. Nicht nur auf Löhne und Gehälter, sondern auf sämtliche Einkunftsarten (Zinsen, Dividenden, Tantiemen, Miet- und Pachterlöse) wären Beiträge zu erheben. Entgegen einem verbreiteten Missverständnis bedeutet dies nicht, dass Arbeitgeberbeiträge entfallen. Vielmehr könnten diese als Wertschöpfungs- bzw. als sog. Maschinensteuer erhoben und damit gerechter als bisher auf beschäftigungs- und kapitalintensive Unternehmen verteilt werden.

Nach oben darf es weder Beitragsbemessungs- noch Versicherungspflichtgrenzen geben, die es privilegierten Personengruppen erlauben würden, sich ihrer Verantwortung für sozial Benachteiligte zu entziehen und in exklusive Sicherungssysteme auszuweichen. Nach unten muss finanziell aufgefangen werden, wer den nach Einkommenshöhe gestaffelten Beitrag nicht selbst entrichten kann. Nur im Falle fehlender, vorübergehender oder eingeschränkter Zahlungsfähigkeit der Versicherten hätte also der Staat die Aufgabe, Beiträge bedarfsbezogen zu „subventionieren", d.h. aus dem allgemeinen Steueraufkommen zuzuschießen. Vorbild dafür könnte die Gesetzliche Unfallversicherung sein. Dort dient der

Staat gewissermaßen als Ausfallbürge für Vorschulkinder, Schüler/innen und Studierende, die einen Kindergarten, eine allgemeinbildende Schule bzw. eine Hochschule besuchen.

4. *Bürger*versicherung bedeutet, dass Mitglieder aller Berufsgruppen, d.h. nicht nur abhängig Beschäftigte, aufgenommen werden. Da sämtliche Wohnbürger/innen in das System einbezogen wären, blieben weder Selbstständige, Freiberufler/innen, Beamte, Abgeordnete und Minister noch Ausländer/innen mit Daueraufenthalt in der Bundesrepublik außen vor. Es geht primär darum, die Finanzierungsbasis des Sozialsystems zu verbreitern und den Kreis seiner Mitglieder zu erweitern.

5. Bürger*versicherung* bedeutet schließlich, dass es sich um eine *Versicherungs*lösung handelt, also gewährleistet sein muss, dass ihre Mitglieder sie dazu finanziell in der Lage sind, Beiträge entrichten und entsprechend geschützte Ansprüche erwerben. Dies schließt keineswegs aus, dass sich der Staat mit Steuergeldern am Auf- und Ausbau der Versicherung beteiligt. Die geplante Bürgerversicherung würde allerdings zum Einfallstor für einen Systemwechsel, wenn sie nicht nach dem Versicherungsprinzip konstruiert wäre, sondern allein aus Steuermitteln finanziert würde.

Eine *solidarische Bürgerversicherung*, wie sie hier skizziert wird, führt nicht zum Systembruch. Vielmehr verschwände dadurch der Widerspruch, dass sich derzeit nur abhängig Beschäftigte im sozialen Sicherungssystem befinden, und dies auch nur bis zu höchstens einem Monatseinkommen von 5.600 EUR in West- und 4.800 EUR in Ostdeutschland (2012). Über diese Bemessungsgrenze hinaus entrichten Versicherte (und ihre Arbeitgeber) zur Renten- und Arbeitslosenversicherung überhaupt keine Beiträge. Gesetzliche Kranken- und Soziale Pflegeversicherung können sie bei Überschreiten der Versicherungspflicht- bzw. -fluchtgrenze von 4.237,50 EUR (2012) sogar verlassen. Mit dieser im Grunde systemwidrigen Begrenzung der Solidarität auf Schlechterverdienende muss die Bürgerversicherung endlich Schluss machen.

Das beste Argument für die Bürgerversicherung liefert ihr sehr viel höheres Maß an Gerechtigkeit und sozialem Ausgleich. Durch die Berücksichtigung anderer Einkommensarten würde der Tatsache Rechnung getragen, dass Arbeitseinkommen nicht mehr die einzige Lebensgrundlage für weite Bevölkerungsschichten bilden. Unter dem Gesichtspunkt der Gerechtigkeit spricht nichts dafür, dass der riesige private Reichtum weiter so unangemessen wenig zur Finanzierung des sozialen Sicherungssystems beiträgt.

Kritik an der Bürgerversicherung

Wenn man von „interessierten Missverständnissen" der Lobbyisten und Neoliberalen absieht, existieren im Wesentlichen drei Einwände gegenüber der Bürgerversicherung:

1. Sie sei, heißt es, mit dem Grundgesetz unvereinbar oder verfassungsrechtlich bedenklich. Man meint vor allem die Einbeziehung der Beamt(inn)en in eine Bürgerversicherung. Dieser Einwand fällt dann nicht ins Gewicht, wenn bestehende Versicherungsverhältnisse unangetastet bleiben und nur künftige Beamte von der Neuregelung betroffen sind. Schwieriger wird es, wenn man die Renten, nicht aber die Beiträge – wie in der Schweiz – ab einer bestimmten Höhe deckelt. Zu prüfen wäre, ob das – in der Krankenversicherung, wo ein Besserverdienender zwar höhere Beiträge zahlt, aber nicht mehr Arzneimittel bekommt als ein Geringverdiener, nicht geltende – Äquivalenzprinzip in der Rentenversicherung wirklich gebietet, Altersrenten zu zahlen, die weit über dem zur Sicherung des Lebensbedarfs erforderlichen Maß liegen.

2. Es handle sich bei der Bürgerversicherung, wird kritisiert, um ein „bürokratisches Monstrum", das trotz seines Namens eher noch weniger Bürgernähe aufweise als das bestehende Kassenwesen. Auch dieser Vorwurf geht freilich ins Leere, denn von einer Zentralisierung kann jedenfalls dann nicht die Rede sein, wenn die Vielfalt der Versicherungsträger bestehen bleibt.

3. So genial die Idee der Bürgerversicherung als solche sei, meinen Kritiker, so wenig tauge sie zur Verwirklichung. Tatsächlich dürfte die Umsetzung des Konzepts aufgrund der herrschenden Macht- und Mehrheitsverhältnisse nicht leicht fallen. Dies gilt jedoch für alle Reformen, die mit der neoliberalen Hegemonie brechen. Seit wann aber ist von Problemen bei der Realisierung einer Idee auf deren Unrichtigkeit zu schließen? Wenn alternative Vorstellungen zur Reform des Sozialstaates überhaupt eine Chance haben, dann die Bürgerversicherung.

Steuer- statt Beitragsfinanzierung der sozialen Sicherung?

Schon seit geraumer Zeit beklagen nicht nur Neoliberale die „Lohnarbeitszentriertheit" des deutschen Sozial*versicherungs*staates, welche ihn im Vergleich zu anderen, stärker aus Steuern finanzierten Modellen besonders konjunkturabhängig und krisenanfällig mache. Aus dieser Feststellung wird oft der Schluss gezogen, man müsse vom Versicherungs- zum Fürsorgeprinzip, sprich: zur Finanzierung durch Steuern, wechseln. Nach der herrschenden Meinung sind die (gesetzlichen) Lohnnebenkosten, d.h. vor allem die ständig steigenden Arbeitgeberbeiträge zur Sozialversicherung, für die hohe Arbeitslosigkeit verantwortlich. Deshalb soll der „Faktor Arbeit" – in Wahrheit: das investierende Kapital – entlastet, und ein größerer Teil der sozialen Sicherung aus Haushaltsmitteln finanziert werden. Gedacht ist dabei meist an eine drastische Erhöhung indirekter Steuern, vor allem der Mehrwertsteuer, die besonders kinderreiche Familien zusätzlich belasten würde.

Gegen die Zurückdrängung der Beitrags- und einen Ausbau der Steuerfinanzierung des sozialen Sicherungssystems sprechen jedoch vier entscheidende Gründe:
1. Für die Betroffenen ist die Inanspruchnahme von *Versicherungs*leistungen erheblich weniger diskriminierend als die Abhängigkeit von *staatlicher* Hilfe, die ihnen vermutlich noch mehr Missbrauchsvorwürfe als derzeit schon eintragen würde, weil ihr keine „Gegenleistung" in Form eigener Beitragsleistungen gegenüberstünde.

2. Da steuerfinanzierte – im Unterschied zu beitragsfinanzierten – Sozialausgaben der jährlichen Haushaltsgesetzgebung unterliegen, ist ihre Höhe nicht nur von wechselnden Parlamentsmehrheiten und Wahlergebnissen abhängig, vielmehr fallen sie auch eher den Sparzwängen der öffentlichen Hand zum Opfer. Aufgrund der Selbstverwaltung von Sozialversicherungssystemen dürfte die Verlässlichkeit einer beitragsfinanzierten Zukunftsvorsorge demnach größer sein als bei einer steuerfinanzierten.

3. Unternehmer und Kapitaleigentümer tragen im „Lohnsteuerstaat" Deutschland kaum noch zur Finanzierung des Gemeinwesens bei. Angesichts dieser steuerlichen Schieflage würde eine Verlagerung auf Steuern zur völlig einseitigen Finanzierung der Sozialleistungen durch die Arbeitnehmer/innen führen. Während die Regierungsparteien eine weitere Senkung von Einkommen- und Gewinnsteuern anstreben, sorgt die (erst ansatzweise durchbrochene) Beitragsparität der Sozialversicherung für eine angemessene(re) Beteiligung der Arbeitgeberseite an den Kosten. Gerade angesichts der Umstellung von progressiven Einkommensteuern auf Stufensteuersätze (Friedrich Merz) und die Einheitssteuer (flat tax) nach US-Vorbild (Paul Kirchhof) wäre es naiv anzunehmen, ein sozialer Ausgleich könne künftig noch aus Steuermitteln erfolgen. Vielmehr sinkt das Steueraufkommen tendenziell, zumal – national und weltweit – ein regelrechter Steuersenkungswettlauf stattfindet.

4. Der weit verbreitete Glaube, die Umstellung des Sozialleistungssystems auf Steuerfinanzierung schaffe Arbeitsplätze, wirtschaftliche Stabilität und mehr soziale Gerechtigkeit, dürfte sich genauso als Illusion erweisen wie die Überzeugung, das Kapitaldeckungsprinzip („Riester-Rente") löse die Probleme der Alterssicherung einer schrumpfenden Erwerbsbevölkerung (besser als das bisherige Umlageverfahren). Denn in beiden Fällen handelt es sich um eine bloße Problem*verschiebung*, die nichts an den eigentlichen Ursachen des Kostenanstiegs ändert.

Das geltende Versicherungsprinzip ist keineswegs antiquiert, vielmehr gerade im Zeichen von Globalisierung und neoliberaler Modernisierung aller Gesellschaftsbereiche ausgesprochen zeitgemäß. Es hat sich nicht erschöpft, sondern bietet hervorragende Anschlussmöglichkeiten für die Schaffung einer Bürger- bzw. Volksversicherung. Die allgemeine, einheitliche und solidarische Bürgerversicherung böte eine Möglichkeit, die Nachteile des deutschen Sozial(versicherungs)staates auszugleichen, ohne dass man seine spezifischen Vorzüge preisgeben müsste.

(Prof. Dr. Christoph Butterwegge, geb. 1951, lehrt Politikwissenschaft an der Universität zu Köln.)

POLITIK

Johannes Heinrichs, Prof. Dr.: Die Viergliederung[9]
(Es handelt sich um den im Internet unter www.visionsofpolitcs.de ver-
öffentlichten Text des Verfassers.)

**Vier Herzkammern der Demokratie - die innere Synthese von direk-
ter und parlamentarischer Demokratie**

Derzeit haben wir nur eine zum Viertel verwirklichte Demokratie, die für
alle Denkenden wie auch für die „Entwicklungsländer" wenig attraktiv ist.

Der Stagnationscharakter unseres vierteldemokratischen Systems liegt
immer offener zu Tage:
• Politikerverdrossenheit, Parteienverdrossenheit: Resignation über die
Demokratie,
• Umweltzerstörung (Vergiftung von Nahrung, Wasser, Luft, entstellte
Landschaften und zerstörte Naturkreisläufe),
• prekäre Arbeitsverhältnisse, weiter wachsende Schere zwischen Reich
und Arm,
• Massenarmut und Hunger in der Dritten Welt.

Die Grundrechte (z.B. auf Arbeit) und Menschenrechte werden weltweit
nicht wirksam durchgesetzt. Die Menschenwürde wird durch wirtschaftliche und politische Macht missachtet. Selbst in den reichen „demokratischen" Ländern wächst wieder die Ungleichheit der Chancen.

Hauptursachen:
1. Die generelle Wirtschaftsabhängigkeit unseres Gemeinwesens: Geld
regiert, weder der offizielle Souverän, das Volk, noch die Grundwerte. Im
Grunde eine strukturelle Korruption.

---

[9] Prof. Dr. Johannes Heinrichs, www.viergliederung.de; www.netz-vier.de
Kontaktaufnahme: johannes.heinrichs@gmx.de.

2. Unsere Parlamentarier und Regierenden sind Allround-Politiker, die für alles und nichts gewählt und beauftragt sind. Sie sind Partei-Politiker in „Blockparteien", welche die unterschiedlichsten Probleme (Umweltschutz, Kulturpolitik, Wirtschaftspolitik, Sicherheits-, Außen- und Friedenspolitik, Sozialpolitik usw.) auf gezwungenermaßen, weil strukturell, unsachliche Weise bündeln.

Wie kommen wir von Unsachlichkeitsparteien zu Sachparteien, zu sachlich fruchtbarem Streit über Wertentscheidungen auf allen Gebieten? Wie befreien wir das große menschliche Potential sowohl bei den jetzt politisch Aktiven wie bei den vielen noch Inaktiven, und lassen es durch Strukturänderungen effektiv werden?

„Viergliederung des Sozialen"
ist eine wohlbegründete Systemtheorie, die darauf hinausläuft, der immer latent vorhandenen Differenzierung des sozialen Organismus (in Wirtschaft, Politik, Kultur, Grundwerte) konsequent durch eigene, logisch aufeinander bezogene Institutionen Rechnung zu tragen. Entscheidend ist dabei zunächst, das legislative Herz der Demokratie in vier Kammern zu gliedern, in unabhängig voneinander und direkt gewählte Teil-Parlamente in folgender hierarchischer Stufung:

(1) Grundwerte-Kammer: für das faire Miteinander der Weltanschauungen, der ethischen Positionen, der Religionen und spirituellen Gruppen, zuständig für den gesellschaftlichen Grundkonsens in allen, heute immer offensichtlicher werdenden Grundwertefragen (z. B. die Fragen über pränatale Medizin, Sterbehilfe, Gentechnologie, Erhaltung der Natur).

(2) Kultur-Kammer: für die rechtlichen Rahmenbedingungen von Schule, Forschung, Medien und Kunst, die sich durch ein Maximum an freier Initiative entfalten sollen. In die Kompetenz dieses Parlaments fällt auch die Art der „Integration" von Migranten, was nicht primär eine Wirtschaftsfrage ist.

(3) Politik-Kammer: für Boden- und Verkehrspolitik, innere und äußere Sicherheit (Friedenspolitik), Außenpolitik, Rechtsentwicklung (Zivil- und Strafrecht, außer Wirtschaftsrecht) – unter den Vorgaben der beiden „höheren" Ebenen.

(4) Wirtschafts-Kammer: für die rechtliche Gestaltung der wirtschaftlichen Basis, also für die Gewährleistung eines möglichst „freien" Marktes, der jetzt durch manche Monopole (besonders Boden und sich selbst vermehrendes Kapital sowie Kartellbildung) völlig verzerrt wird. Das Wirtschaftsleben soll seine Eigengesetzlichkeit behalten, jedoch nicht länger das gesamte Gemeinwesen scheinbar naturwüchsig beherrschen. Es muss die Wert-Vorgaben der übergeordneten Parlamente verbindlich umsetzen. So kommt es zu einer dem Gemeinwesen dienenden, statt es beherrschenden Wirtschaft.

Die wirtschaftlichen und politischen Daten müssen allerdings auch umgekehrt in den oberen parlamentarischen Ebenen berücksichtigt werden. Dies wird möglich durch zweite und dritte Lesungen in den jeweiligen Parlamenten, welche die Voten der jeweils anderen Parlamente als Entscheidungsgrundlage bekommen. Es ergibt sich also – trotz Rahmensetzung von oben nach unten – folgender Rückkoppelungskreis:

Jährliche Wahl einer dieser Kammern: Jedes Jahr bereichsbezogene Sachabstimmungen anhand von Repräsentantenwahlen! Demokratie heißt nicht nur Mehrheitsprinzip, sondern gleichermaßen Beratung und kontrollierbare Vertrauensdelegation. Dabei keine Aufblähung, sondern Verschlankung der Gremien.

Utopie oder praktikable Synthese von direkter und parlamentarischer Demokratie? Es kommt für diese notwendige Evolution auf Aufklärung und auf Eure Mitwirkung an!

(Prof. Dr. Johannes Heinrichs, geb. 1942, lebt und arbeitet als Gastprofessor, Forschungsbeauftragter und Schriftsteller in Berlin und Bonn.)

Reginald Grünenberg, Dr. - Die neue Republik - Deklaration der
Gruppe 48
(Der Text wurde von der Internetseite der Gruppe ,48 übernommen.)

Mai 2009

Was

Im 60. Jahr ihres Bestehens erlebt die Bundesrepublik den Beginn ihres
sozialen, politischen und wirtschaftlichen Zerfalls. Wir sind überzeugt,
dass dieser Niedergang nur durch eine **fundamentale Staatsreform** auf-
zuhalten ist. Die Neuordnung des Föderalismus, des öffentlichen Diens-
tes, der Staatsfinanzen, des Parteiwesens, der Sozialversicherungen sowie die Entbürokratisierung und die Wiederherstellung des Vertrauens
der deutschen Bürger in die Politik und in ihre Institutionen durch mehr
direkte Demokratie – Volksentscheide und -initiativen –, all das wird es in
der Republik des Grundgesetzes nicht mehr geben. Die ineinander ver-
keilten Interessengruppen, Parteien, Institutionen und Gesetzesvorschrif-
ten schließen jede Hoffnung auf Reformen aus.

Wer

Als überparteiliche Vereinigung engagierter Bürger haben wir uns in der
deutschen Tradition der demokratischen Revolutionäre von 1848 und in
Erinnerung an den Parlamentarischen Rat von 1948 als **Gruppe '48** konstituiert. Wir haben uns zum Ziel gesetzt, dass Deutschland sich entsprechend Artikel 146 des Grundgesetzes in freier Selbstbestimmung eine
neue Verfassung gibt. Wir verstehen uns als **demokratische Revolutionäre**, weil wir diese Forderungen gegen alle etablierten Parteien und die
mächtigsten Beharrungskräfte der Bundesrepublik durchsetzen müssen.
Die **Gruppe '48** ist dabei die politische Plattform, von der aus sich eine
Verfassungspartei gründen wird. Deren politisches Ziel soll der Einzug in
den Bundestag und die **Einberufung einer verfassungsgebenden Ver-
sammlung** mit unbeschränktem Mandat sein. Unser Zeichen ist die Ko-
karde der Bundesflagge, wie sie 1848 getragen wurde, mit der Aufschrift
Gruppe '48 – Demokratische Revolutionäre.

Aufgabe

Wir müssen an der politischen Willensbildung mitwirken und den Bürgern zeigen, dass der Punkt, an dem der Hebel für eine Staatsreform ansetzen muss, die Ablösung des Grundgesetzes durch eine neue Verfassung ist. Das bedeutet auch ein **Ende des Lagerdenkens**. Wir müssen mit Bürgern und Politikern aller politischen Richtungen sprechen, denn was wir jetzt alle gemeinsam haben, das sind die großen Probleme des Landes. Wir wollen die Bürger überzeugen, dass wir, wenn wir erst einmal eine neue Verfassung begründet haben, auch alles andere schaffen.

Vision

Wir wollen das legale und gewaltfreie **Ende der Bundesrepublik** und den Übergang zu einer neuen, gerechteren sowie sozial, politisch und wirtschaftlich gesünderen Staatsform. Wir wollen die **Dritte Republik in Deutschland**.

* * *

Hintergrund und Grundlage für diese politische Aktivität ist zunächst das Buch: **Das Ende der Bundesrepublik. Demokratische Revolution oder Diktatur in Deutschland** von Reginald Grünenberg und die damit verbundene Website www.ende-der-bundesrepublik.de sowie der Blog www.bundesrepublik.wordpress.com.

(Dr. Reginald Grünenberg ist Unternehmer, Autor und Publizist.)

Jörn Kruse, Prof. Dr.: *Skizze einer „Demokratischen Reformkonzeption"*[10]

Mehr Einfluss für die Bürger und mehr Fachkompetenz und Langfristigkeit bei politischen Entscheidungen

A. Politikprobleme in vier Thesen

Die Bürger sind mit den politischen Prozessen und ihren Ergebnissen zunehmend unzufrieden. Sie fühlen sich von den Politikern nicht gut regiert und nicht adäquat repräsentiert. Ihre Meinungen und Wünsche werden nicht ernst genug genommen. In weiten Teilen der Bevölkerung ist Politikverdrossenheit (oder eher Parteienverdrossenheit) zu finden. Umfragen zeigen, dass eine sehr große Mehrheit der Bürger eine stärkere Beteiligung an den politischen Entscheidungen wünscht. Gleichzeitig scheinen auch viele Politiker mit ihrer gegenwärtigen Rolle immer weniger zufrieden zu sein.

Es ist nicht nur eine Analyse der dahinter stehenden Probleme dringend erforderlich, sondern vor allem eine daraus folgende Diskussion über institutionelle Reformen unserer Demokratie. Dazu werden in der „Demokratischen Reformkonzeption" einige Vorschläge gemacht.

Die gravierendsten Politikprobleme können in vier Thesen zusammengefasst werden:

1. Die Bürger haben bezüglich einzelner Politikfelder (z.B. Steuerpolitik, Bildungspolitik, Energiepolitik, Verkehrspolitik etc.) tatsächlich nur einen geringen Einfluss auf die Ergebnisse politischer Entscheidungen (Demokratie-Defizit). Sie verorten die Macht bei „den Politikern" (ausgedrückt im Begriff „der Politischen Klasse") und bei den Interessengruppen. Dies erzeugt eine weitverbreitete Politikverdrossenheit und

---

[10] Dies ist ausführlicher dargestellt in: Kruse, Jörn, Eine Demokratische Reformkonzeption: Mehr Einfluss für die Bürger und mehr Fachkompetenz und Langfristigkeit bei politischen Entscheidungen, Diskussionspapier (2011).

anlassbezogene Protestpotentiale, die sich außerhalb der staatlichen Institutionen artikulieren (z.B. zu Kernkraft, Stuttgart 21 etc.).

2. Das Legitimationsmonopol des Parlaments ermöglicht einen umfassenden Machtanspruch der Parteien. Diese dehnen ihren Einfluss auf sehr viele Bereiche und Institutionen des Staates und der Gesellschaft aus, häufig mittels ihres formalen Rechts auf die personalpolitischen Entscheidungen und die Setzung der Regeln. Die Parteien haben ohnehin ein faktisches Monopol für die Rekrutierung von Politikern, was erhebliche Probleme aufwirft.

3. Die allzuständigen Berufspolitiker sind als Generalisten mit der Vielzahl und der Komplexität der Sachverhalte, über die sie entscheiden müssen, notwendigerweise fachlich und zeitlich überfordert. Zudem wird die fachkompetente Beratung von außen meistens nicht transparent und ergebnisoffen, sondern opportunistisch und taktisch genutzt. Die mangelnde eigene Fachkompetenz der Politiker ist auch ein wesentlicher Grund für den übergroßen Einfluss von Interessengruppen.

4 Die Politik ist in der Praxis allzu kurzfristig orientiert und vernachlässigt längerfristige Wirkungen in systematischer Weise. Beispiele sind die Themen Altersversorgung, Bildung, Energie, Staatsverschuldung etc. Statt einer gründlichen Analyse von aufkommenden Problemen und dem Bemühen um nachhaltige Lösungen sind hastige, oberflächliche und profilierungsorientierte Antworten an der Tagesordnung.

Vor dem Hintergrund einer wachsenden Unzufriedenheit der Bevölkerung ist es erstaunlich, dass es in Deutschland (mit Ausnahme der Forderung nach Volksabstimmungen auf Bundesebene) bisher keine Diskussion über grundlegende Reformen des demokratischen Systems gibt. Diese sollte alle institutionellen Elemente auf den Prüfstand stellen und konkrete Alternativen erwägen. Hier setzt die „Demokratische Reformkonzeption" an. Sie möchte eine öffentliche Diskussion über konstruktive Reformvorschläge zur Stärkung der Demokratie anregen. Diese reichen von kleineren Änderungen des Wahlrechts über veränderte Rollen von Parlament und Regierung bis zu gravierenden Reformen, wie der Neueinführung eines „Senats", der von den Parteien unabhängig ist.

Die institutionellen Elemente der Reformkonzeption werden nachfolgend in den Abschnitten C und D skizziert. Vorher werden die Hauptziele genannt, die im Wesentlichen eine Antwort auf die genannten Politikprobleme darstellen.

B. Hauptziele der demokratischen Reformkonzeption

Die demokratische Reformkonzeption hat im Wesentlichen drei Ziele:

1. Mehr Einfluss für die Bürger

Der Einfluss der Bürger auf einzelne Politikfelder und auf einzelne politische Entscheidungen soll erhöht werden. Dies erfolgt in der Reformkonzeption u.a. durch mehr und differenziertere Wahlen der Bürger zu den politisch einflussreichen Institutionen (Parlament, Parlamentarische Fachräte, Regierung und Senat), die sich dann jeweils durch eine eigene demokratische Legitimation auszeichnen.

2. Mehr unabhängige Fachkompetenz in demokratischen Prozessen

In allen Phasen der demokratischen Diskussions- und Entscheidungsprozesse (von der ersten Meinungsbildung der Bürger bis zur Gesetzgebung) soll mehr unabhängige und ergebnisoffene Fachkompetenz verfügbar sein, die expliziter und transparenter einbezogen wird. Das erfolgt erstens durch eine weitgehende Vermeidung des Parteieneinflusses in den staatlichen Fachinstitutionen. Diese beliefern die politischen Akteure und die Öffentlichkeit mit profunden Informationen und Fachkompetenz. Zweitens sorgt die Einführung des Senats und seine Rolle und Arbeitsweise als Zweite Kammer dafür, dass die Bewertungen unabhängiger Experten bei Gesetzesentwürfen obligatorisch berücksichtigt werden. Drittens bewirkt auch die Mitwirkung der Parlamentarischen Fachräte eine Erhöhung der Fachkompetenz bei der Gesetzgebung.

3. Mehr Nachhaltigkeit

Langfristige Ziele und Wirkungen sollen eine größere Rolle bei den politischen Entscheidungen spielen. Dies wird vor allem erreicht durch die große Bedeutung von unabhängigen Institutionen mit fachkundigen Personen bei den demokratischen Entscheidungen und bei der Information der Öffentlichkeit. Diese haben in aller Regel bezüglich inhaltlicher Fragen längerfristige Anreizstrukturen als die Politiker.

C. Kernelemente der demokratischen Reformkonzeption im Überblick

Die demokratische Reformkonzeption sieht (verglichen mit der gegenwärtigen Situation) deutlich mehr und differenziertere Wahlen (und Abstimmungen) durch die Bürger vor. Dies veranschaulichen die Pfeile (1) bis (5) in Abb. 1.

1. Parlament und Parlamentarische Fachräte

Die Bürger erhalten bei der Parlamentswahl deutlich mehr Möglichkeiten, die personelle Zusammensetzung des Parlaments zu beeinflussen. Neben dem Parlament werden für die einzelnen Politikfelder Parlamentarische Fachräte geschaffen. Deren Mitglieder werden direkt vom Volk gewählt. Sie sind an der Gesetzgebung maßgeblich beteiligt. Die politischen Präferenzen der Bürger werden dadurch deutlicher sichtbar und inhaltlich einflussreicher.

2. Unabhängigkeit von Regierung und Parlament

Anders als jetzt werden das Parlament und die Regierung in der Reformkonzeption jeweils separat direkt vom Volk gewählt, und sie sind institutionell voneinander unabhängig. Auch dies ermöglicht es den Bürgern, ihre Präferenzen differenzierter zum Ausdruck zu bringen. Es erlaubt den beiden politischen Institutionen, ihre jeweiligen Aufgaben zielgerechter und effizienter wahrzunehmen.

3. Senat

Das weitreichendste und innovativste Element der Reformkonzeption ist die Schaffung der neuen Institution „Senat". Mit ihm gelingt die Herstellung einer „differenzierten demokratischen Legitimation". Der Senat ist explizit von den Parteien unabhängig (was durch eine spezielle Ausgestaltung des Wahlrechts bewirkt wird) und wird direkt von den Bürgern gewählt. Durch den Senat wird das bisherige Legitimationsmonopol der Parteien überwunden und ihre Macht begrenzt. Der Senat fungiert als Zweite Kammer bei der Gesetzgebung und entscheidet über die Top-

Personalia in den staatlichen Fachinstitutionen und in der Judikative. Durch seine spezifische Arbeitsweise gibt der Senat der in der Gesellschaft vorhandenen Fachkompetenz einen größeren Stellenwert für die politischen Entscheidungen.

D. Institutionen im Einzelnen

Parlament

Da die Regierung in der Reformkonzeption nicht vom Parlament gewählt wird und auch nicht dauerhaft auf die gleiche Mehrheit angewiesen ist, kann das Parlament sich auf seine eigentlichen Kernaufgaben konzentrieren, nämlich auf die Gesetzgebung auf der Grundlage von normativen, sachkundigen Diskussionen über die gesellschaftlichen Gestaltungsalternativen. Die Fraktionen müssen nicht mehr geschlossen auftreten, um die jeweilige Regierung zu stützen oder zu stürzen. Sie können auch abweichende Positionen zulassen, die Teil der Meinungsbildung des Parlaments sind. Da die Mehrheit bei einem „neuen" Thema nicht (wie das gegenwärtig der Fall ist) von Anfang an feststeht, ist die Überzeugungskraft der Argumente in der Parlamentsdiskussion von zentraler Bedeutung.

Da für die Gestaltung der Wahlgesetze das Kriterium der Regierungsstabilität jetzt irrelevant ist, gewinnt das Ziel einer möglichst guten Repräsentation der Bevölkerung im Parlament eine zentrale Bedeutung. Eine 5%-Klausel ist dann überflüssig und schädlich. Während die Wähler bisher nur wenig Einfluss auf die personelle Zusammensetzung des Parlaments haben, da die Parteien diese (durch Landeslisten und Direktkandidaten) weitgehend vorgeben, können die Bürger jetzt in Mehrpersonenwahlkreisen einzelne Kandidaten präferieren und gegebenenfalls auch Unabhängige ins Parlament wählen.

Parlamentarische Fachräte (ständige und aktuelle)

Die Parlamentarischen Fachräte werden direkt von den Bürgern gewählt, die auf diese Weise für einzelne Politikgebiete oder Themen evtl. unterschiedlichen Parteien und Kandidaten ihre Stimme geben können.

Die „ständigen parlamentarischen Fachräte" sind bezüglich der Politikgebiete ähnlich zugeschnitten wie die heutigen Parlamentsausschüsse. „Aktuelle Fachräte", die nur im Einzelfall und temporär gebildet werden, beziehen sich auf aktuell besonders bedeutsame politische Konfliktfelder. Ihre Wahl stellt eine Alternative zu Volksabstimmungen dar. Durch beide Arten von Fachräten hat jeder Bürger weit bessere Möglichkeiten, seine politischen Präferenzen differenzierter in die demokratischen Prozesse einzubringen, als das bisher der Fall ist. Die Fachräte beeinflussen die Gesetzgebung erheblich. Über neue Gesetze entscheidet jedoch (als Erste Kammer) letztlich das Parlament.

Regierung

Die Regierung (bzw. der/die Bundeskanzler/in) wird in der Reformkonzeption direkt von den Bürgern für eine Periode gewählt. Nach der Wahl hat der/die Regierungschef/in starke Anreize, die bestgeeigneten Minister zu ernennen und wird daran weniger als bisher durch Proporzüberlegungen bzgl. Parteien, Regionen etc. gehindert. Die Regierung „regiert" im bisher üblichen Verständnis, das heißt sie trifft die staatspolitischen Einzelentscheidungen und sie repräsentiert den Staat nach außen und nach innen. Die Regierung kann Gesetzentwürfe einbringen und benötigt zur Verabschiedung eine Mehrheit des Parlaments. Sie ist jedoch (anders als es in der bisherigen parlamentarischen Demokratie de facto der Fall ist) nicht dauerhaft auf die Mehrheit der gleichen Fraktionen (Koalition) angewiesen. Die Regierung ist im Normalfall über die ganze Wahlperiode voll handlungs- und strategiefähig. Dennoch können in der Verfassung für besondere Regierungsentscheidungen Parlamentsvorbehalte vorgesehen werden.

Senat

Der Senat ist ein völlig neues und wichtiges Element der Demokratischen Reformkonzeption. Seine Mitglieder werden direkt von den Bürgern gewählt. Das herausragende Charakteristikum des Senats ist die Tatsache, dass die Senatoren keine Berufspolitiker sind und nicht der Politischen Klasse angehören. Aktuelle und frühere Minister, Abgeordnete, Parteifunktionäre etc. (sowie außerdem Verbandsfunktionäre) sind per Gesetz explizit vom passiven Wahlrecht zum Senat ausgeschlossen.

Das zweite wichtige Charakteristikum des Senats ist die Tatsache, dass seine Arbeitsweise unmittelbar mit der bestverfügbaren externen Fachkompetenz rückgekoppelt ist. Für jede Senatsentscheidung werden mehrere unabhängige Experten damit beauftragt, die Optionen und deren Folgen zu analysieren und dies in Studien öffentlich darzulegen.

Aufgaben des Senats:

(1) Der Senat fungiert als Zweite Kammer bei der Gesetzgebung. Die Gesetze bedürfen der Zustimmung des Senats. Dieser beauftragt mehrere unabhängige Fachinstitutionen und Experten damit, die Auswirkungen des Gesetzentwurfs (incl. der längerfristigen und der Sekundäreffekte) zu analysieren und zu bewerten. Die Ergebnisse werden publiziert und sind somit eine transparente Grundlage der Diskussion und Entscheidung. Die unabhängige Fachkompetenz erhält damit einen wesentlich größeren Einfluss auf die Gesetzgebung, als das bisher der Fall ist. Dies bewirkt gleichzeitig die stärkere Berücksichtigung langfristiger Ziele und Wirkungen, da die Experten (die nach professioneller Anerkennung auf ihrem Fachgebiet streben) inhaltlich langfristiger orientiert sind als die Politiker. Dies hat wiederum positive Vorfeldwirkungen auf die Arbeit des Parlaments und der Parlamentarischen Fachräte, die eine solche fachkundige Bewertung ihrer Beschlüsse antizipieren werden.

(2) Der Senat ist außerdem für die Entscheidungen über die personelle Besetzung aller staatlichen Institutionen und Gremien (ausgenommen Parlament und Regierung) zuständig. Das gilt für die Leitungen aller Fachinstitutionen, Ämter, Verwaltungen, Einrichtungen und Unternehmen etc. des Staates auf verschiedenen Ebenen und Gebieten, sowie für die Top-Personalentscheidungen in der Judikative. Über die Spitzenpositionen wird (beratungsgestützt) vom Senat nach Gesichtspunkten der Fachkompetenz und anderen Aspekten der inhaltlichen Eignung entschieden. Auf diese Weise sind alle derartigen Institutionen unabhängig von den Parteien. Die Anreizstrukturen aller Akteure werden dadurch sachgerechter.

E. Information, Diskurs, Volksabstimmung und Partizipation

In der Reformkonzeption wird die Sachkompetenz staatlicher Fachinstitutionen explizit für die politischen Diskurse (im Einzelfall auf Veranlassung des Senats) öffentlich verfügbar gemacht. Sie unterstützt damit die Meinungsbildung innerhalb und außerhalb der demokratischen Institutionen (z.B. in den Medien). Der öffentliche Diskussionsraum wird dann nicht mehr so stark von partei- und interessengeleiteten Informationen und Argumenten dominiert wie bisher. Die demokratischen Diskurse in der Gesellschaft werden inhaltlich gehaltvoller und problemnäher. Die Sachkunde der Wähler bei politischen Themen steigt.

Die Möglichkeit für Volksabstimmungen sollte grundsätzlich vorgesehen, jedoch auf wenige wichtige Einzelfälle beschränkt werden, die aufgrund ihrer moderaten fachlichen Komplexität dafür geeignet sind. Für alle anderen Fälle sind die Wahlen zu den aktuellen parlamentarischen Fachräten eine bessere Möglichkeit, die Bürgerpräferenzen zur Geltung zu bringen.

In der Reformkonzeption ist die Rekrutierung zu demokratischen Ämtern nicht mehr ausschließlich parteiendominiert, sondern insgesamt offener und vielfältiger. Bei den Wahlen zu den Parlamentarischen Fachräten konkurrieren parteigebundene und unabhängige Kandidaten miteinander. Auch bei den Parlamentswahlen bestehen für unabhängige Kandidaten bessere Chancen als bisher, einen Abgeordnetensitz zu erlangen. Der Senat ist sogar gänzlich vom Parteieneinfluss befreit und besteht aus „normalen Bürgern". Es ist zu erwarten, dass die politische Partizipation der Bürger in den demokratischen Institutionen deutlich höher sein wird als bisher.

www.hsu-hh.de/kruse

(Prof. Dr. Jörn Kruse lehrt Volkswirtschaftlehre an der Helmut-Schmidt-Universität (Universität der Bundeswehr) in Hamburg.)

Reinhard Stransfeld, Dr.: Verfassung NEU denken
(Originalbeitrag)

Drei-Viertel der Deutschen sind *„stolz auf das Grundgesetz"* und mehr noch schätzen *„Freiheit"* und *„Rechtsstaatlichkeit"*[i] *(1)*. Das sind verständliche Empfindungen, werden doch im Grundgesetz die Grundrechte der Menschen garantiert. Doch wie lange noch werden diese Garantien tragen?

„Wir sind Zeugen einer beunruhigenden Unsicherheit und Ratlosigkeit", sorgte sich bereits vor einiger Zeit Jutta Limbach, vormals Präsidentin des Bundesverfassungsgerichts, um das *„Leistungsvermögen der freiheitlichen und sozialstaatlichen Demokratie...(denn) wirtschaftliche oder gesellschaftliche Krisen (können) dazu führen, dass Garantien unseres Rechtsstaates ausgehöhlt werden"* (2), so die Befürchtung.

Darin spiegelt sich die Auffassung, dass derartige Krisen, Ausfluss von Machtkonzentrationen und fehlenden Balancen, gewissermaßen von außen den „verfassten Rechtsstaat" anfechten, dieser folglich ohne Krisen nicht gefährdet wäre.

Ein fataler Irrtum, der sich der Einsicht verschließt, dass der Apfel den Wurm bereits im Keim mit sich trug - die Krisen also dem System inhärent sind. Unsere Verfassung, das Grundgesetz, ist nicht ausgestattet, das *„Projekt Demokratie"* zu vollenden. Und da sie aus der eigenen Substanz nicht wirksam Impulse zur vollen Entfaltung der Demokratie vermitteln kann, ist sie überfordert, Anfechtungen kraftvoll abzuwehren, die herangetragen erscheinen, aber letztlich dem eigenen Erbgut entwachsen.

1. Die antiquierte Verfassung

Aus heutiger Sicht reicht die Ideengeschichte der Befreiung der Bürger aus dem Würgegriff absolutistischer Staatsgewalt 200 Jahre zurück. In den „Zwei Abhandlungen über die Regierung" stellte John Locke (1690) der königlichen Allgewalt individuelle Rechtsansprüche entgegen:

- das Naturrecht auf Selbsterhalt durch eigene Arbeit und die Aneignung derer Ergebnisse,
- das Recht des Bürgers auf Eigentum.

Letzteres war zu seiner Zeit eine äußerst progressive Forderung, galt doch der durch Gottes Gnade berufene König als unumschränkter Herrscher über das Land mit seinem toten und lebenden Inventar. Locke sah sich daher zur anonymen Veröffentlichung genötigt, aus Sorge um Leib und Leben.

Zur dauerhaften Sicherung dieser Rechte schlug er vor, die Gesetzgebung (Legislative) von der Regierung (Exekutive) zu trennen und damit das Herrschaftsmonopol aufzubrechen. Die Idee der Gewaltenteilung als Grundprinzip der Demokratie war (nach Aristoteles) wiedergeboren. Ein halbes Jahrhundert später fügte Montesquieu als dritte eigenständige Säule staatlicher Gewalt die Rechtsprechung hinzu und schuf damit die dreigeteilte Staatsgewalt.

In der Unabhängigkeitserklärung der Vereinigten Staaten von Amerika von 1776 und mit der Französischen Revolution fanden diese Vorstellungen Niederschlag, und bestimmen bis zur Gegenwart das Verfassungsverständnis demokratischer Staaten.

Eine gängige Definition lautet:

Die Verfassung regelt den grundlegenden organisatorischen Staatsaufbau, die territoriale Gliederung des Staates, die Beziehung zu seinen Gliedstaaten und zu anderen Staaten sowie das Verhältnis zu seinen Normunterworfenen und deren wichtigste Rechte und Pflichten.

Ist diese Sicht noch zeitgemäß? Kann sich die Reichweite einer Verfassung darin erschöpfen, den Staat und dessen Verhältnis zum einzelnen Bürger zu definieren – also die *„Rechte der Bürger gegen den Staat"* zu garantieren, wie es Udo di Fabio, Richter am Bundesverfassungsgericht formuliert (3)?

Im Alltag haben wir es mit dem Staat selten unmittelbar zu tun und dann gewöhnlich in vergleichsweise harmloser Form: etwa, wenn wir hinter dem Scheibenwischer die berüchtigten kleinen Zahlungsaufforderungen vorfinden, und jährlich mit der Aufforderung, die Steuern zu erklären.

Alltäglich sind wir hingegen anderen Mächten direkt oder indirekt ausgesetzt: der Wirtschaft, die existenziell in das Leben eines jeden einwirkt, und auch den Medien.

Der Ökonom Walter Eucken hatte in den 1930er Jahren seine eigene Zunft kritisiert wegen der unzureichenden Kenntnis über die *„alltägliche Wirtschaft mit ihren Kämpfen, die mit List und Verschleierung und Brutalität geführt werden"* (4).

Möglicherweise hatte er, sozialistischer Umtriebe unverdächtig, die Schöpfer des Ahlener Programms der CDU inspiriert, die im Jahr 1948, also vor der Niederschrift des Grundgesetzes, eine Neuordnung von Grund auf fordern, deren

> *„Inhalt und Ziel nicht mehr das kapitalistische Gewinn- und Machtstreben (sein kann), sondern nur das Wohlergehen unseres Volkes...Das deutsche Volk (soll) eine Wirtschafts- und Sozialverfassung erhalten, die dem Recht und der Würde des Menschen entspricht, dem geistigen und materiellen Aufbau unseres Volkes dient und den inneren und äußeren Frieden sichert."*

Wie ist es nun um das am 23. Mai 1949 in Kraft gesetzte Grundgesetz bestellt? Es umfasst im Wesentlichen zwei Wirkbereiche:

- die Grundrechte der Individuen (gegen den Staat),
- die Prinzipien der Staatsorganisation,

also den Bereich der Werte sowie die Institution Staat. Eine Wirtschaftsverfassung als einen ausgewiesenen Teilbereich, immerhin Bestandteil der Weimarer Verfassung, enthält das Grundgesetz nicht. Die Einsicht des Jahres 1948 war innerhalb weniger Monate abhanden gekommen.

Machen wir uns klar: Das Grundgesetz schützt den Bürger gegen die in vielem bereits erodierte oder an externe Gremien übergebene Macht des Staates, hingegen <u>nicht</u> gegen die inzwischen vorherrschende Macht des großen Kapitals. Der Begriff „Macht" taucht als thematischer Kern nicht einmal im Stichwortverzeichnis des Grundgesetzes auf. Es gibt lediglich den „Missbrauch wirtschaftlicher Machtstellung", als Spiegelstrich 16 von insgesamt 26 im Artikel 74, der sich mit den Gegenständen der konkurrierenden Gesetzgebung beschäftigt.

Warum existieren Gesellschaften, warum lebt der Mensch in Gemeinschaften? Durch Arbeitsteilung in der Wertschöpfung zur Deckung der Bedürfnisse erzielen die Beteiligten einen komparativen Vorteil gegenüber dem Einzelnen. Dies ist die notwendige Bedingung.

Das allein genügt allerdings nicht. Als hinreichende Bedingung muss ein der Gemeinsamkeit entwachsendes Vertrauen hinzutreten.

Nun wird das Kernproblem der demokratischen Verfassungen erkennbar. Sie beschwören den Geist des Humanen. Die existenzbegründende Wertschöpfung, Basis jeder Gesellschaft, ist jedoch im Grundgesetz ausgeblendet. Dies im wirklichen Sinn des Wortes: Gehen wir das Stichwortverzeichnis der Beckschen Ausgabe des Grundgesetzes durch, den Buchstaben W: Da lautet die Abfolge „Weltfrieden", „Wesensgehalt der Grundrechte", „Wetterdienst", letzterer Nr. 21 in der Aufzählung im Artikel 74, in der die wirtschaftliche Machtstellung als Nr. 16 aufgeführt wird.

Dabei ist es doch die Wertschöpfung samt ihren Verteilungsmodalitäten, die das Entstehen und damit den Missbrauch wirtschaftlicher Macht erst ermöglicht. Deren Akteure sind in der Lage, sich mit sublimen oder auch direkten Methoden selbst Staaten gefügig zu machen (Staatsdiener ohnehin, nicht zuletzt, weil die Bundesregierung sich bis heute weigert, die UNO-Resolution gegen Korruption zu akzeptieren).

Dieser Mangel ist umso auffälliger, als im Grundgesetz selbst einzelne Regularien zur parlamentarischen Arbeit, beispielsweise zu den Ausschüssen, detailliert ausgeführt werden.

Macht hat den inhärenten Drang zum Missbrauch, so der Historiker und Staatswissenschaftler Wolfgang Reinhard. Also ist wirtschaftliche Macht in der Logik der Gewaltenteilung nur als geteilte mit der Idee der Demokratie vereinbar. Dieser Einsicht hatten sich die Schöpfer des Grundgesetzes verweigert. So kann wirtschaftliche Macht alle Ebenen der Gesellschaft infiltrieren.

Die Prinzipien der Gewaltenteilung sind nicht umfassend verwirklicht, sondern haben sich vor den Pforten der Wirtschaft umgewendet, von einem imaginären Schild gewiesen: Hier dürfen wir nicht rein. Und so gleicht das allerseits gewürdigte Grundgesetz einem sakralen Bau, dessen Schlussstein nicht gesetzt wurde. Ein solches Gebäude bleibt instabil und ist den Wetterschlägen nicht beherrschter Mächte ausgesetzt, die die prekäre Standsicherheit des labilen Werkes zusätzlich unterminieren.

Wie ungerecht Macht in einer Hand wirken kann, und wie man sie mit einfachen Mitteln domestiziert, ist seit langem bekannt. Nennen wir es *das Prinzip der Apfelteilung*: Einer teilt auf und der andere teilt zu.

Wie könnte das Prinzip der Apfelteilung im Bereich der Wertschöpfung und damit im Besonderen in der Wirtschaft praktiziert werden? Wir finden dort, dem Sprachgebrauch folgend, Arbeitgeber und Arbeitnehmer vor. Für Erstere wird ein gleichartiges Interesse von Investoren und Unternehmensführern unterstellt.

Da bietet sich folgendes Teilungskonzept an:

- Die Unternehmer teilen Orientierungen und Aufgaben zu.
- Die Arbeitnehmer teilen den Ertrag auf.

Vehemente Entrüstung ist vorhersehbar, und Bedachtsame mögen darauf verweisen, dass wir doch das Betriebsverfassungsgesetz hätten, um den Interessenausgleich herbeizuführen. Doch was bewirkt's? Die Unternehmerseite mehrt Kapital und Macht, und der Mitbestimmung bleibt die Rolle eines Kastraten unter den Institutionen, als solcher bekanntlich des schönen Gesanges, aber nicht der Mehrung mächtig.

Würden die Wertschöpfenden die ihnen zufallende Verteilungsmacht missbrauchen, und die Unternehmerseite mit einem Minimalertrag abspeisen – also den Spieß umdrehen? Zwei Aspekte sprechen dagegen. Erstens würden sich die Investoren abwenden und anderen Anlagemöglichkeiten zuwenden. Zweitens tendiert Schwarmintelligenz zur Balance; sie ist nicht von der Gier getrieben wie Investoren.

Das „Apfelteilungsprinzip" in der Wertschöpfung gehört, so oder so ähnlich, in der Verfassung verankert. Damit wäre ein wichtiger Schritt zur Vollendung der Demokratie geleistet.

2. Selbstheilung

Immanuel Kant formuliert in seinem philosophischen Entwurf „Zum ewigen Frieden" die Kernfunktion einer Verfassung.

Die Bändigung der Teufel

„Nun ist die republikanische Verfassung die Einzige, welche dem Recht der Menschen vollkommen angemessen, aber auch die schwerste zu stiften, vielmehr noch zu erhalten ist, dermaßen dass viele behaupten, es müsse ein Staat von Engeln sein, weil die Menschen mit ihren selbstsüchtigen Neigungen einer Verfassung von so sublimer Form nicht fähig wären...

...Das Problem der Staatserrichtung ist, so hart wie es auch klingt, selbst für ein Volk von Teufeln (wenn sie nur Verstand haben) auflösbar und lautet so: Eine Menge von vernünftigen Wesen, die insgesamt allgemeine Gesetze für ihre Erhaltung verlangen, deren jedes aber insgeheim sich davon auszunehmen geneigt ist, so zu ordnen und ihre Verfassung einzurichten, dass, obgleich sie in ihren Privatgesinnungen einander entgegen streben, diese einander doch so aufhalten, dass in ihrem öffentlichen Verhalten der Erfolg eben derselbe ist, als ob sie keine solche böse Gesinnung hätten" (5).

Aus der, aus dem Nichts emergierenden, ‚unsichtbaren Hand' eines Adam Smith ist eine von Menschenhand geschaffene Ordnung und diese sichernde Verfassung geworden, die die destruktive Energie bändigt und für die Gemeinschaft fruchtbar macht. Dies, indem die „republikanische Verfassung"

- allgemeine Gesetze vorgibt (die dem Wertekanon des Grundgesetzes entsprechen),

- Verfahrensregeln einführt, die die „Privatgesinnungen" aufhalten und deren „öffentliches Verhalten" zum Konstruktiven wenden.

Der Staat wird bei Kant nicht als ein Organ der Gesellschaft betrachtet, sondern begrifflich für die Gesellschaft gesetzt. Und so zielt er auf die normativen und die funktionellen Fundamente der Gesellschaft, und beschränkt sich nicht auf die Struktur eines Teilsystems. So könnte also eine heutige Definition lauten:

Die Verfassung beschreibt den Wesenskern der Gesellschaft in deren funktionaler und normativer Grund-

legung als ein Ideal. Sie benennt die elementaren strukturellen, institutionellen und prozessualen Erfordernisse zu deren Erfüllung, Bewahrung und Anschlussfähigkeit unter den Verhältnissen inneren und äußeren Wandels.

Anders als ein sich thematisch selbst beschränkendes und gesellschaftsbegründende Aspekte ignorierendes Rechtswerk sollte eine Verfassung sich die Weisheit der Evolution zu eigen machen und Prinzipien der Selbststeuerung ins Zentrum stellen. So wie die Homöostase des menschlichen Körpers, beispielsweise bei der Regulierung des Blutdrucks. Oder nehmen wir die Technik: Thermostaten regeln die Temperatur im Aquarium und Tempomaten die Geschwindigkeit des Fahrzeugs. In automatischen Bewässerungsanlagen messen Sensoren die Feuchtigkeit des Bodens und geben bedarfsgesteuert den Wasserzufluss frei.

Allem ist gemein, Prozessinformation unmittelbar, d.h. im Prozess zu nutzen, um Abläufe oder Zustände jederzeit innerhalb eines zulässigen Toleranzbereiches zu halten, ohne von außen eingreifen zu müssen.

Das war es, was Kant vorschwebte: eine Verfassung, die dem realen sozialen Leben inhärente Selbstregulierungsmechanismen bereitstellt (ohne dass ein Recht von außen eingreifen muss).

Nehmen wir ein Beispiel aus dem Alltag. Der Käufer im Internet steht vor einem Problem. Er kann Zustand und Eignung des gewünschten Objekts nicht vorweg prüfen, im Allgemeinen kennt er den Verkäufer nicht. Er ist auf dessen Fairness angewiesen.

Das Recht ist in diesen Verhältnissen zunehmend überfordert. In den komplexen Verhältnissen globalisierter Wirtschaften und Kulturen ohne eindeutige Grenzen kommt der Wesenskern des Rechts immer weniger zum Tragen: Kausalität und Durchsetzbarkeit. Unser Recht bedarf eindeutiger Ursache-Wirkungs-Zusammenhänge, um zu Urteilen zu gelangen und Organe, um es vollstrecken zu können.

Aber es braucht nicht das Recht. Davon völlig unabhängig haben sich Systeme hervorragend bewährt, in denen die Nutzer Bewertungen abgeben. Sehr rasch entstehen „Fairnessprofile" der Beteiligten, die für weitere Nutzer handlungsführend werden. Schwarze Schafe werden auf diese Weise ausgesondert, bevor sie ein hohes Schadenspotenzial entfalten können.

„Transparenz" ist eine Schlüsselfunktion, um diese Nebelwelten auszuleuchten und den Außenstehenden gerade „im Kleinen" wieder urteilsfähig und damit handlungsfähig zu machen.

Dem Grundgesetz sind derartige Überlegungen bisher wesensfremd. Das sollte sich - im Zuge einer Neuschöpfung - ändern.

3. Die Stunde der Laien

Transparenz ist ein Basismodul der künftigen demokratischen Gesellschaft, greift aber in diesem Beispiel erst im Nachhinein. In gesellschaftlichen Entscheidungsprozessen sollten daher die Verfahren der Entscheidungsanbahnung, ja, der Rahmensetzung, auf den Prüfstand gestellt werden. Mit dem Modell der Planungszelle bzw. des Bürgergutachtens von Peter Dienel ist nun der Grundgedanke der Laieneinbindung in Entscheidungsprozesse belebt worden. Vornehmlich auf kommunaler Ebene wurden zahlreiche Planungsverfahren mittels dieser Methode erfolgreich durchgeführt. (6)

In diesem Ansatz gelangt ein Gut zur Geltung, über das gern mit leichtem Schmunzeln gesprochen wird, welches jedoch über den Vorzug verfügt, keiner spezifischen Professionalisierung zu bedürfen, um sich dennoch umfassend ,befassen' zu können. Das ist der „gesunde Menschenverstand". Ihm ist es möglich, komplizierte Sachverhalte abzuwägen.

Von Peter Dienel in Planungsverfahren erprobt, ist das Potenzial dieses Modells sehr viel größer – und hat bemerkenswerterweise gerade im Rechtsbereich eine lange Tradition. Und zwar in der Geschworenengerichtsbarkeit. In Deutschland nach dem Zweiten Weltkrieg abgeschafft und durch das Schöffengericht ersetzt, ist die Teilnahme von Laien am Verfahren der Rechtsprechung in vielen Ländern üblich.

Nach dem Zufallsprinzip ausgewählt urteilen Menschen ohne Rechts- und Sachausbildung über Beweismittel, und in ihren Händen liegen Entscheidungen, die Schadensersatzleistungen in der Höhe von dreistelligen Millionenbeträgen zur Folge haben können – und zuweilen die Entscheidung über Leben und Tod.

Hier begegnet uns das Prinzip der Gewaltenteilung ein weiteres Mal. Die Geschworenen befinden in der Sache, also „schuldig" oder „nicht schuldig". Der Richter verhängt das Strafmaß nach Maßgabe des Gesetzes.

Festzuhalten bleibt, dass unklare und auch gewichtige Sachverhalte sehr wohl von Laien beurteilt werden können, wenn man sie mit Informationen zu den verschiedenen Sichten auf das zu beurteilende Problem ausstattet. Es sind keine Eigeninteressen im Spiel, daher treffen die Informationen auf offene Ohren und führen zur nüchternen Güterabwägung. Und es ist erstaunlich, wie sehr sich die Teilnehmer ihrer Verantwortung bewusst sind, und wie rasch sie den Wesenskern strittiger Fragen erfassen.

Einmal mit dieser Vorstellung vertraut, eröffnen sich ungeahnte Potenziale zur Umgestaltung staatstragender Institutionen mit dem Ziel, der bröckelnden Demokratie ein standfestes Fundament zu verleihen.

Das beginnt mit der Legislative. Die Spatzen pfeifen es von den Dächern, das es mit der Unabhängigkeit nicht weit her ist. Wie auch, wenn ein im Grundgesetz nicht vorgesehener Fraktionszwang die Abgeordneten an einer freien Gewissensentscheidung hindert und wenn die in den Ministerien entstandenen Gesetze nur noch abgenickt werden.

Die Rekrutierung von Abgeordneten durch Wahlen hat unter diesen Umständen ihren Sinn weitgehend eingebüßt und die geringe Wahlbeteiligung ist ein Menetekel: Die Bürger haben verstanden. Sie folgen den Rednern mit den Silberzungen nicht mehr bedingungslos; es hat sich herumgesprochen, dass nicht alles edel ist, was Glanz verbreitet.

Das Parlament sollte daher nach einem neuen Modus besetzt werden. 50 Prozent der Abgeordneten werden durch Losverfahren aus dem Topf der Wahlberechtigten gezogen, die Teilnahme setzt lediglich Unbescholtenheit, ein durchschnittliches Maß an Verstand und die Bereitschaft voraus.

Die etablierten Parteien, weiterhin im Geschäft, brauchen sich nicht mehr um wechselnde Mehrheiten zu sorgen. Die sind jetzt an der Tagesordnung, denn nicht mehr zu erwartende Vorteilslagen und Absicherungen aus korporativem Wohlverhalten, sondern unbefangenes Verständnis leitet das Abstimmungsverhalten.

Somit lautet der dritte Auftrag, im Rahmen einer Verfassung dem Laienverstand eine prominente Rolle in Entscheidungsprozessen jeglicher Art einzuräumen.

4. Alles, was Recht ist - doch ist das genug?

Die Entrüstung wird nicht geringer hochschlagen, wenn eine Institution des Gemeinwesens, wie keine andere mit Ansehen und Vertrauensvorschuss ausgestattet, als eine Fehlschöpfung bezeichnet wird: das Bundesverfassungsgericht.

Wurde das Grundgesetz im Licht des Demokratieprinzips als unvollendet bezeichnet, handelt es sich beim Bundesverfassungsgericht ungeachtet seiner großen Verdienste unter realpolitischen Verhältnissen, man denke nur an die Entscheidung zur informationellen Selbstbestimmung im Volkszählungsurteil aus dem Jahr 1983, um eine Fehlkonstruktion. Der architektonische Mangel dieser Institution ist offensichtlich, und es ist schwer nachvollziehbar, warum er nicht längst thematisiert wurde.

„Die Verfassung (konstituiert) die Grundstrukturen eines politischen Systems."(7) Darin hat in demokratietheoretischer Sicht die Gewaltenteilung eine essentielle Bedeutung. Sie wurde realisiert durch die Bildung eigenständiger Funktionseinheiten in Gestalt der Legislative, Exekutive und Judikative.

Den Hütern der Verfassung kommt die anspruchsvolle Aufgabe zu, die Institutionen und die Gesellschaft als Ganzes mit ausgewogener Hinwendung und komplexem Verstehen zu betrachten und deren Interaktionen und Interdependenzen im Geiste der Verfassung auszutarieren.

Nun aber wurde mit dem Verfassungsgericht eine „Hüter-Institution" geschaffen, die sich ausschließlich aus einer der staatstragenden Machtstrukturen rekrutiert, dies nicht losgelöst, sondern funktional eingebunden in diese Säule als letzte Instanz.

In Analogie zu einem Gebäude wurde eine Staatsarchitektur verwirklicht, in der, sagen wir, das Badezimmer als Ort der Hygiene gleichzeitig mit der Funktion des Daches betraut wurde. Eine derartige Bauplanung würde jeder spontan als Unfug verwerfen, denn ein Teil mit spezieller

Funktion kann konstruktionslogisch nicht zugleich die Überwölbung des Ganzen sein.

In der Gestalt des „Verfassungsrichters" personalisiert sich das Problem: Es handelt sich ausschließlich um Menschen mit einer fachlichen und mentalen Sozialisation in der Judikativen. Die Folge: Das, was eine zeitgemäße Verfassung auszeichnen sollte, die gleichermaßen ethische und gesellschaftsfunktionelle Balance - beides reicht grundsätzlich über das positive Recht hinaus - erfährt nun eine schleichende Einengung.

Der Legalitätsgrundsatz dringt wie Kriechöl in alle Organe und Prozesse und wird zur herrschenden Sicht. Die Frage der Legitimität wird nicht preisgegeben, aber sie wirkt nicht offensiv in Bereiche hinein, die nicht oder unzureichend geregelt sind.

Das Problem: In dem Maße, wie wirtschaftliche Macht sich weitgehend ungehemmt konzentrieren und die gesellschaftlichen Institutionen und Prozesse infiltrieren kann, verschafft sie sich genehme Regelungen.

Lobbyisten gehen im Bundestag ein und aus, und in den Ministerien sitzen Industrievertreter und formulieren federführend Gesetze, die ihren Unternehmen genehm sind. Diese werden dann im voreingestimmten Parlament verabschiedet. Gegen diese Vorgehensweisen gibt es kein Gesetz, und so wird mit unfreiwilliger Unterstützung einer auf den Legalitätsaspekt fokussierten Kontrollinstanz die Legitimität ausgehebelt.

Darin wird das Konstruktionsproblem greifbar. Die Verfassung ist vorangestellt, ihre Grundlinien werden in der Gesetzgebung konkretisiert und so in positives Recht verwandelt. Was aber geschieht, wenn Grundsätze der Verfassung ihrer Umsetzung in positives Recht harren?

Nehmen wir die Gemeinwohlverpflichtung des Eigentums im Artikel 14. Es existiert kein Gesetz, das diese Verpflichtung konkretisiert, daher kann keine Rechtsverletzung stattfinden. Eines der elementaren Grundrechte hängt in der Luft und dörrt vor sich hin.

Ein anderes Beispiel ist der Missbrauch wirtschaftlicher Macht (Art. 74 GG). Zwar existiert eine Kartellgesetzgebung, sie ist jedoch reaktiv angelegt, d.h. setzt ein mit der Prüfung im konkreten Verdachtsfall. Hin und wieder werden Sünder erwischt und leisten ihren Obolus, doch die Dunkelziffer darf als hoch eingeschätzt werden. Dem Gesetz wird Genüge getan, doch der Missbrauch findet weiterhin statt. Es fehlen Strukturen und Prozesse, die eine Kartellbildung als solche verunmöglichen, allgemein das Entstehen wirtschaftlicher Machtkonzentration verhindern, somit den Missbrauch erst gar nicht aufkommen lassen.

Haben die Hüter der Verfassung über eine derartige Herangehensweise schon einmal nachgedacht? Also systemimmanente Hemmungen unerwünschten Verhaltens zu schaffen anstelle von unzureichenden Gesetzen? Das war es, was Kant im Sinne hatte – ein Verständnis, das verloren gegangen scheint.

Zuletzt: Art. 12 garantiert die Freiheit der Berufswahl. Doch was, wenn aufgrund globalisierter Märkte die Landwirtschaft industrialisiert wird, Industrien reihenweise aussterben und der exportorientierte Rest Technisierung und Automatisierung bis aufs Äußerste vorantreibt? Das alles ist legal: Aber ist es legitim, durch „Verkopfung" fast aller Tätigkeiten Menschen mit händischen Talenten, und das sind gewiss annähernd 40 Prozent der Bevölkerung, die Chance auf Arbeit zu nehmen, weil die ihnen gemäßen Berufe real nicht mehr existieren?

Juristen gilt das Recht als gesellschaftsbegründend. Nein! Es ist gesellschaftstheoretisch betrachtet ein ‚App', welches auf der ‚Hardware' Gesellschaft läuft und dort durch Orientierungen konfliktreduzierend fungiert, zudem Verfahren zur Konfliktbewältigung bereitstellt. Sinnvoll angewendet, werden dadurch der Einsatz psychosozialer Energien ökonomischer gestaltet und Dysfunktionalitäten gehemmt, unverzichtbar in größeren Gesellschaften.

Gesellschaftskonstituierend hingegen ist die Organisation des Zugriffs auf die naturgegebenen Ressourcen und deren Wandlung in der Wertschöpfung sowie Binnendynamiken der ökonomisch-sozialen Beziehungen im Sinne der Vertrauensstiftung. Und je komplexer die Verhältnisse sind, desto auffälliger ist das Recht in seiner Kausalitätslogik überfordert. Statistische und hermeneutische Verfahren müssen herangezogen werden, um urteilsfähig zu bleiben. Darin muss das Verständnis tragend werden, dass Handlungen Einzelner, ohne positives Recht zu verletzen, in der Summe und in der Zeit Strukturverwerfungen bewirken können, die den Geist der Grundrechte unterminieren.

Daraus ergibt sich als vierter Auftrag an eine neue Verfassung, die Werte und grundlegenden Funktionalitäten des Systems Gesellschaft in der Gesamtheit ihrer sozialen, ökonomischen, politischen und ökologischen Implikationen zu definieren, sowie die das System gewährleistenden Gremien, Institutionen und Instanzen in der erforderlichen Breite aufzustellen.

Fazit

Die wirtschaftlichen und sozialen, letztlich auch die ökologischen großen Krisen unserer Zeit entspringen in Vielem nicht äußeren Verhältnissen, sondern entwachsen letztlich der unzeitgemäßen und fehlerhaften Konstruktion der Basis unseres demokratischen Rechtsstaates, dem Grundgesetz.

Es ist höchste Zeit für eine neue, zeitgemäße Verfassung aus den Händen des Souveräns zur Wahrung der Souveränität. Eine solche Verfassung ist mehr als ein Rechtswerk. Sie ist ein gerechtes Werk.

(1) Die Deutschen und ihre Verfassung. In: Das Parlament 18/2009.

(2) "Grundgesetz" - Vorwort. Beck-Texte im dtv. 38. Auflage 2003.

(3) Einführung in das Grundgesetz, von Prof. Dr. Udo Di Fabio. In: Grundgesetz. Beck-Texte im dtv, München 2011.

(4) In: Recht, Gesetzgebung und Freiheit. Bd.2, S. 106.

(5) Immanuel Kant: Zum ewigen Frieden (1795). Reclam, Stuttgart 1984, S. 30.

(6) Peter Dienel: Die Planungszelle. Der Bürger plant seine Umwelt. Eine Alternative zur Establishment-Demokratie. VS Verlag für Sozialwissenschaften, 1997.

 - Bürgergutachten: Regelung sozialer Folgen neuer Informationstechnologien. IGEBP Verlag, Leverkusen,1987.

(7) Hans Vorländer: Die Verfassung, C.H.Beck-Verlag, München 2009, S. 17.

Erhard O. Müller: Die „Erste Gewalt" - die KONSULTATIVE
(Der Text wurde aus dem Visions-Reader I übernommen und seitens des Herausgebers bearbeitet.)

In Band I des „Visionen-Readers" entwickelt — der leider viel zu früh verstorbene Journalist und Herausgeber der Zeitschrift „Zukünfte" - E.O. Müller — in seinem Beitrag „Bürgerbeteiligung als ‚Vierte Gewalt'" das Modell der „Konsultative". Er geht dabei von der Frage aus: „Wer oder was zwingt uns eigentlich ... das Drei-Gewalten-Modell als den letzten Schrei der Demokratie - Entwicklung zu betrachten?", um dann fortzufahren (S. 245 ff.):

Zumindest für die Bewältigung der neuen sozialen Probleme, die gegenwärtig uns zukommen, aber auch für das Finden eines neuen „Leitkonsenses" zur Lösung dieser Probleme bedarf es einer erweiterten Dimension unserer Demokratie; d. h. auch der Verfasstheit unserer Demokratie: Mein Plädoyer geht dahin, unsere drei bisher existierenden „Gewalten" — Legislative, Exekutive, Jurisdiktion — durch eine „Vierte Gewalt" zu ergänzen (besser: zu vervollständigen), die ich an dieser Stelle „Konsultative" nennen möchte.

Wenn es nicht so bleiben soll wie jetzt, dass die Aufnahme von Bürgerbeteiligung in politisches Entscheidungshandeln von der Gnade der Politik abhängt, dann braucht Bürgerbeteiligung einen **Verfassungsrang in Form einer „Vierten Gewalt",** d.h. einer neben den drei bestehenden Gewalten verfassungsrechtlich verankerte „Konsultative" als Institution des sozialen Dialogs und der Bürgerkompetenz.

Es geht also um nicht weniger als darum, die Kompetenz der Bürgerinnen und Bürger mit einem Verfassungsrang auszustatten, wie er in Form der „drei Gewalten", der Legislative, Exekutive und Jurisdiktion bereits existiert. Eine solche „Vierte Gewalt" hätte zur Aufgabe, das Volk - die Bürgerinnen und Bürgern — als den eigentlichen „Souverän" aller Politik, wieder ins Recht zu setzen. Dabei handelt es sich keineswegs nur um die „Hinterbühne" des Politiktheaters, sondern um im Bild zu bleiben, um all diejenigen, die sich vor der Bühne, im Saal aufhalten: das Publikum in seiner ganzen Vielfalt und Verschiedenheit, den Souverän, dem auf einer neuen Stufe unserer Demokratie die Gelegenheit zum Mitspielen und maßgeblichen Mitwirken gegeben werden muss.

Vielleicht sollten wir all das, was auf diesem Gebiet zurzeit an interessanten Modellen diskutiert wird, verstanden wissen als die ersten Keimformen einer solchen „Vierten Gewalt", die selbstverständlich auch eines gewissen Grades der Institutionalisierung, der Implementierung ins Verfassungsgefüge bedarf. Und: Wenn wir das Grundgesetz mit seinem doch höchst anspruchsvollen Satz: „Alle Staatsgewalt geht vom Volke aus!" wirklich ernst nehmen, dann dürfte — bei genauerem Hinsehen — diese sog. „Vierte Gewalt", dieses konsultative Element der Bürgerinnen und Bürger in unserer Gesellschaft, doch eigentlich nichts anderes sein als die „Erste Gewalt" im Staat!

Die „Erste Gewalt": die Konsultative

Die Bürgergesellschaft als das „Herz" der Gesellschaft braucht trotz ihrer Heterogenität eine gemeinsame öffentliche Stimme: Ohne (die im Verfassungsrang institutionalisierte) Zivilgesellschaft kein ökosozialer Wandel!

Es würde unserer Demokratie guttun, wenn zu den bekannten drei Gewalt eine „Konsultative" der Bürgerinnen und Bürger hinzuträte. Absehbar ist jedoch, dass Parteifunktionäre, Lobbyisten und Inhaber der Verwaltungsmacht zunächst entsetzt reagieren, und alle nur erdenklichen Einwände vorbringen werden. Hier stehen wir erst am Anfang eines „langen Marsches durch die Institutionen", für den wir jedoch nicht mehr allzu viel Zeit haben:

Eine derartig große gesellschaftliche Herausforderung, bei der sich die ehrenamtlich und bürgerschaftlich Engagierten sozusagen als das pulsierende Herz der Gesellschaft begreifen müssten, stellt an alle beteiligten Akteure neuartige Aufgaben – ob wir nun bei Amnesty International oder bei der „Agenda 21", bei einer Freiwilligenagentur oder bei einer Bürgerstiftung tätig sind: Wir müssen lernen, trotz aller unterschiedlichen Tätigkeitsfelder, in denen wir engagiert sind, gemeinsam Ansprüche an Politik und Verwaltung zu formulieren, zu artikulieren und auch öffentlich darzustellen. Hier hapert es im Moment noch gewaltig, denn vordergründig hat ja das Mitglied eines Sportvereins nicht viel mit einem „Agenda 21"-Aktivisten gemeinsam.

Hintergründig aber gibt es bei allen bürgerschaftlich Engagierten, die einen Gemeinwohl-Anspruch mit ihrer Tätigkeit verbinden, auch gemeinsame Interessen: nämlich als ein die Gesellschaft mitgestaltendes und mitverantwortendes Individuum ernst genommen und an der Gestaltungsmacht beteiligt zu werden. Dabei geht es nicht zuletzt auch um die Artikulation und Vertretung von Interessen: Die vielfältige Bürgergesellschaft braucht eine starke Stimme — sowohl in der Gesellschaft selbst als auch gegenüber den verschiedenen staatlichen Institutionen.

Und es ist, so würde ich meinen, höchste Zeit, dass gerade eine ... Regierung diese Stimme hört und sich endlich einmal auf das kreative soziale Kapital ihrer Gesellschaft besinnt, und es sichtbar in ihre Planungen und Entscheidungsfindungen einbezieht.

Ohne die Zivilgesellschaft ist im 21. Jahrhundert kein Staat mehr zu machen, so viel ist mittlerweile sogar zu den Inhabern der politischen Macht durchgedrungen. Wer aber darüber hinaus auch noch eine ökosoziale Perspektive vor Augen hat und die Gesellschaft in diese Richtung steuern möchte, ist erst recht darauf angewiesen, die Bürgergesellschaft sichtbar und maßgeblich am Willensbildungs- und Entscheidungsprozedere zu beteiligen.

Die Bürgergesellschaft ist sozusagen das „innere Band", das eine Regierung mit ihrem Volk verbindet, das aber auch ein „Ferment" zwischen den verschiedenen Interessengruppen innerhalb der Bürgerschaft darstellt. Eine Neubesinnung und Neubestimmung der politischen Koordinaten, die auf eine wohl dosierte Machtabgabe im Sinne einer „(Vierten) Ersten Gewalt" hinausläuft, würde dem inneren Zusammenhalt unserer zurzeit so vielfältig zerrissenen Gesellschaft ganz gewiss guttun!

Wir sollten aber darauf gefasst sein, dass diese Erkenntnis den abgebrühten Partei- und Verbandsstrategen nicht schmeckt: Gleichwohl könnte sie sich als ein letzter Rettungsanker für das Gelingen eines ökosozialen Reformprojekts in Deutschland erweisen.

Wir leben in einer Zeit, in der immer spürbarer wird, dass das System der Repräsentation an seine Grenzen stößt und im Endeffekt die Demokratie selbst Schaden erleiden wird, wenn sie nicht eine neue Dimension betritt. Demokratie ist nichts Statisches, sondern vielmehr in einer stetigen Entwicklung begriffen, d. h. von Zeit zu Zeit eben auch modernisierungsbedürftig: Insbesondere wenn sich zeigt, dass unser eingespieltes und routinehaft durchgezogenes Drei-Gewalten-System kaum noch in der Lage ist, den neu auftauchenden Problemen adäquat zu begegnen und die Gesellschaft im Inneren zusammenzuhalten.

Zumindest für die Bewältigung der neuen sozialen Probleme, die gegenwärtig auf uns zukommen, aber auch für das Finden eines „neuen Leitkonsenses" zur Lösung dieser Probleme bedarf es einer erweiterten Dimension unserer Demokratie. Wenn es nicht so bleiben soll, dass die Aufnahme von Bürgerbeteiligung in politisches Entscheidungshandeln von der Gnade der Politik abhängig ist, dann braucht Bürgerbeteiligung Verfassungsrang in Form einer „(Vierten) Ersten Gewalt" — einer verfassungsrechtlich verankerten „Konsultativen" als Institution des sozialen Dialogs und der Bürgerkompetenz.

Es geht also darum, die Kompetenz der Bürgerinnen und Bürger mit Verfassungsgewalt auszustatten, wie sie in Form der „drei Gewalten" von Legislative, Exekutive und Jurisdiktion bereits existiert. Eine solche „(Vierte) Erste Gewalt" hätte zur Aufgabe, das Volk — die Bürgerinnen und Bürger — als den laut Grundgesetz eigentlichen „Souverän" aller Politik wieder ins Recht zu setzen.

Dabei geht es keineswegs nur um die „Hinterbühne" des Politiktheaters, sondern - um im Bild zu bleiben - um all diejenigen, die sich vor der Bühne, im Saal aufhalten: das Publikum in seiner ganzen Vielfalt und Verschiedenheit, den Souverän, dem auf einer neuen Stufe unserer Demokratie die Gelegenheit zum Mitspielen und maßgeblichen Mitwirken gegeben werden muss.

Vielleicht sollten wir all das, was zurzeit auf diesem Gebiet an interessanten Modellen diskutiert wird, verstanden wissen als die ersten Keimformen einer solchen „Vierten Gewalt" — die selbstverständlich auch eines gewissen Grades der Institutionalisierung und der Einbettung in das Verfassungsgefüge bedarf (Verfassungsrechtler, bitte übernehmen Sie!).

Last not least: Wenn wir unser Grundgesetz mit seinem doch höchst anspruchsvollen Satz: **„Alle Staatsgewalt geht vom Volke aus!"** wirklich ernst nehmen, dann dürfte bei genauerem Hinsehen diese „Vierte" Gewalt — als das konsultative Element der Bürgerinnen und Bürger in unserer Gesellschaft — im Grunde nichts anderes sein als die **„Erste Gewalt"** im Staat.

(Erhard O. Müller (verstorben im Juni 2008) war Journalist und Herausgeber der Zeitschrift „Zukünfte".)

Joachim Sikora: Vorschlag für eine Demokratie der sechs „Gewalten"

Ausgehend von dem von Erhard O. Müller vorgetragenen Konzept der „Konsultative" und anknüpfend an die grundsätzlichen Überlegungen von Reinhard Stransfeld (siehe: Verfassung NEU denken), möchte ich nachfolgend das Modell einer Demokratie der sechs „Gewalten" skizzieren. Die vor mehr als dreihundert Jahren entwickelte Gewaltenteilung wird den heutigen Anforderungen an eine demokratische Verfassung nicht mehr gerecht. Mir scheint, dass wir heute mindestens eine Aufteilung in sechs – deutlich voneinander getrennte – „Gewalten" benötigen, nämlich:

- die KONSULTATIVE

- die LEGISLATIVE

- die REGIONALE

- die EXEKUTIVE

- die JUDIKATIVE

- die MONETATIVE

Erste Gewalt: Die Konsultative

Der Souverän (lat. superamus = über allem stehend) als Inhaber der Staatsgewalt, also alle (wahlberechtigten) Bürgerinnen und Bürger der Bundesrepublik Deutschland, wählen in jedem der 299 Wahlbezirke eine Vertreterin / Vertreter für die „Konsultative". Die Bürgervertreter/innen werden in allgemeiner, unmittelbarer, freier, gleicher und geheimer Wahl gewählt. Sie sind Vertreter des ganzen Volkes, an Aufträge und Weisungen nicht gebunden und nur ihrem Gewissen verantwortlich. Wählbar ist, wer das 18. Lebensjahr erreicht hat. Jede Bürgerin, jeder Bürger kann kandidieren. Gewählt ist, wer die meisten Stimmen in seinem Wahlkreis erhält.

Die zentrale Aufgabe der „Konsultativen" ist die Erarbeitung eines gesellschaftlichen *Leitbildes*, ausgehend von der Frage: In welcher Gesellschaft wollen wir leben? Dieses Leitbild bildet die Grundlage für alle weiteren politischen Entscheidungen. Dazu initiiert die „Konsultative" einen Konsultationsprozess (etwa analog den Bürgerforen) und eine ständig zugängliche Bürgerplattform im Internet als Medium des „Crowdsourcing".

Die Aussagen des Leitbildes sind verbindlich für alle weiteren politischen Entscheidungen. Wenn beispielsweise das Leitbild einen Einsatz deutscher Soldaten im Ausland untersagt (was über 80% der wahlberechtigten Bürger wollen), dann kann kein anderslautender Beschluss seitens der Legislativen gefasst werden.

Zweite Gewalt: Die Legislative

Der Souverän (lat. superamus = über allem stehend) als Inhaber der Staatsgewalt, also alle (wahlberechtigten) Bürgerinnen und Bürger der Bundesrepublik Deutschland, wählen in jedem der 299 Wahlbezirke eine Vertreterin / Vertreter für die „Legislative". Die Bürgervertreter/innen werden in allgemeiner, unmittelbarer, freier, gleicher und geheimer Wahl gewählt. Sie sind Vertreter des ganzen Volkes, an Aufträge und Weisungen nicht gebunden und nur ihrem Gewissen verantwortlich. Wählbar ist, wer das 18. Lebensjahr erreicht.

Die Kandidatinnen und Kandidaten werden vorgeschlagen durch Parteien, registrierte Nicht-Regierungsorganisationen und als Direktkandidaten. Die zentrale Aufgabe der „Legislativen" liegt in der Ausarbeitung leitbildkonformer Gesetze.

Dritte Gewalt: Die Regionale

Die „Regionale" besteht aus 99 Mitgliedern. In ihr sind die Städte, Landkreise und Gemeinden durch Repräsentanten aus ihren Körperschaften (Städte- und Gemeindetag, Landkreistag) zu je 1/3 vertreten. Die Bundesländer werden aufgelöst.

Eine der ersten Aufgaben ist die Überprüfung aller „Public Private Partnership"– Projekte auf ihre demokratische Kompatibilität.

Vierte Gewalt: Die Exekutive

Sie besteht aus der Bundeskanzlerin/dem Bundeskanzler und aus den Bundesministern.

In keiner Einrichtung der „Exekutive" auf nationaler ebenso wie auf regionaler und örtlicher Ebene darf es Lobbyisten geben. Unternehmensberater, Anwaltskanzleien und Think Tanks haben in Ministerien, Behörden und öffentlichen Institutionen, wie etwa der Bundesanstalt für Arbeit etc., nichts verloren.

Fünfte Gewalt: Die Judikative

Die rechtsprechende Gewalt ist den Richtern anvertraut. Sie wird durch die in der Verfassung vorgesehenen Bundes-, Regional- und Ortsgerichte ausgeübt. Eine entsprechende Neuorganisation der Rechtsprechung muss erarbeitet werden.

Sechste Gewalt: Die Monetative

Sie ist eine öffentlich-rechtliche Einrichtung (Anstalt), der es obliegt, die staatliche Geld- und Währungshoheit auszuüben, unabhängig von den anderen Staatsgewalten und verantwortlich für die Bereitstellung der gesetzlichen Zahlungsmittel, Kontrolle ihres Mengenumlaufs, des Management der nationalen Devisen und der Bankenaufsicht.

Hier als Beispiel der Textentwurf für die Verfassung der Schweiz, vorgelegt vom Verein „Monetäre Modernisierung (MoMo)"; weitere Einzelheiten auf der Seite www.vollgeld.ch - **Verein Monetäre Modernisierung (MoMo)** Postfach 3161, 5430 Wettingen, Telefon 079 773 34 50, PC-Konto: 60-528878-0 info@monetative.ch/vollgeldreform@gmail.com, www.monetative.ch

Nachstehend der Textentwurf von „MoMo" für die Schweizer Bundesverfassung:

Geld- und Finanzmarktverfassung

Artikel 99 Geld und Finanzmarkt

1. Der Bund gewährleistet die Versorgung der Wirtschaft mit Geld, Kredit und Finanzdienstleistungen. Er ordnet die Finanzmärkte. Er kann dabei vom Grundsatz der Wirtschaftsfreiheit abweichen.

2. Der Bund erlässt Vorschriften über Banken, Börsen und andere Finanzdienstleister; er regelt die Voraussetzungen und Grenzen ihrer Geschäftstätigkeit. Er bestimmt die Aufgaben von Banken und anderen Finanzdienstleistern im Gesamtinteresse des Landes. Er trägt dabei der besonderen Aufgabe und Stellung der Kantonalbanken Rechnung.

3. Das Gesetz regelt insbesondere

a. die Abgrenzung zwischen Zahlungsmitteln und Finanzanlagen

b. die Beschränkung des Eigenhandels

c. die Zulassungsbedingungen für Finanzdienstleistungen

d. die Treuhandpflichten der Finanzdienstleister.

Artikel 99a Geldordnung

1. Das Geld- und Währungswesen ist Sache des Bundes; diesem allein steht das Recht zur Schöpfung von gesetzlichem Zahlungsmittel zu. Gesetzliche Zahlungsmittel sind Münzen, Banknoten und Buchgeld.

2. Die Schaffung und Verwendung anderer Zahlungsmittel für besondere Zwecke bedarf einer Bewilligung des Bundes.

Artikel 99b Nationalbank

1. Die Schweizerische Nationalbank ist eine Anstalt des öffentlichen Rechts. Sie führt als unabhängige Zentralbank eine Geld-, Kredit- und Währungspolitik, die dem Gesamtinteresse des Landes dient; sie ist in der Erfüllung ihrer Aufgaben nur dem Gesetz verpflichtet.

2. Das Gesetz überträgt die Gewährleistung der gesamtwirtschaftlich erforderlichen Geldmenge an die Schweizerische Nationalbank. Es weist die Kreditvergabe und die Abwicklung des Zahlungsverkehrs privaten und öffentlichen Finanzdienstleistern zu. Die Schweizerische Nationalbank kann den Finanzdienstleistern einen Leistungsauftrag erteilen.

3. Die Schweizerische Nationalbank steuert die Geldmenge unter Berücksichtigung des erforderlichen Kreditvolumens. Sie gibt neu geschaffenes Geld schuldfrei und zinslos an Bund, Kantone und steuerpflichtige natürliche Personen sowie als verzinsliche Darlehen an die Finanzdienstleister aus. Das Gesetz bestimmt die Kriterien.

4. Die Schweizerische Nationalbank setzt Mindestanlagefristen für Finanzanlagen im Publikumsverkehr und im Interbankenverkehr fest.

5. Die Schweizerische Nationalbank bildet aus ihren Erträgen ausreichende Reserven.

6. Der Reingewinn der Schweizerischen Nationalbank geht zu mindestens zwei Dritteln an die Kantone.

Übergangsbestimmung zu den Artikeln 99 bis 99b (Geld und Finanzmarkt, Geldordnung und Nationalbank):

1. Die Ausführungsbestimmungen zu Artikel 99 sind bis zum ... zu erlassen. Sie sehen vor, dass am Stichtag des Inkrafttretens alles Buchgeld zu gesetzlichem Zahlungsmittel und zu entsprechenden Verbindlichkeiten der Finanzdienstleister gegenüber der Schweizerischen Nationalbank wird. Die Finanzdienstleister führen Buchgeld auf Konten außerhalb ihrer Bilanz. Es fällt nicht in die Konkursmasse. Die Finanzdienstleister saldieren das Buchgeld ihrer Kunden auf Zahlungsverkehrskonten bei der Schweizerischen Nationalbank.

2. Die Schweizerische Nationalbank sorgt dafür, dass in der Übergangszeit weder Geldknappheit noch Geldschwemme entsteht.

Weitere zentrale Institutionen des Demokratie-Modells sind:

Der Bundespräsident
Er wird direkt durch das Volk gewählt.

Das Bundesverfassungsgericht
Es sollte bestehen zu 1/3 aus Juristen, zu 1/3 aus Hochschullehrern und zu einem weiteren Drittel aus Bürgerinnen und Bürgern, die als Schöffen an Gerichten tätig sind. Die Wahl der Juristen erfolgt seitens der „Konsultativen", die Wahl der Hochschullehrer durch die Deutsche Rektorenkonferenz, die Wahl der Bürgerinnen und Bürger durch Direktwahl seitens derselben (siehe dazu auch die Ausführungen im Beitrag von Reinhard Stransfeld: Demokratie NEU denken).

Die Agora
Die Agora (altgriechisch ἀγορά) war im antiken Griechenland der zentrale Fest-, Versammlungs- und Marktplatz einer Stadt. Sie war aber zugleich auch eine bedeutende gesellschaftliche Institution, und als solche ein kennzeichnendes Merkmal der griechischen *polis*. Die Agora ist im Kontext des Demokratie-Modells die moderne Variante des „Scherbengerichts" – man könnte auch von der demokratischen „Notbremse" sprechen: Also eine permanente Mitbestimmung der Bürgerinnen und Bürger über die Arbeit der politischen Institutionen und ihrer Akteure/innen.
Hier wird mit Methoden der „Liquid Democracy" – in einer eigens dafür eingerichteten Institution – im Sinne einer deliberativen, permanenten, geheimen Meinungserfassung, die die Wünsche und Vorstellungen der Bürgerinnen und Bürger widerspiegeln. Dies kann sich auf politische Sachfragen, aber ebenso auf die Arbeit politischer Institutionen und Personen beziehen.
Der Begriff „Liquid Democracy", (LD) (deutsch: Flüssige Demokratie) steht für eine neue Form der Demokratie, in der verschiedene „starre" Begrenzungen „verflüssigt" werden.
1. Zeitliche Begrenzung: Wählen nur einmalig alle 4 Jahre
Liquid Democracy ermöglicht:

- Abstimmung Open-End (permanent, ohne Ende)
- Abstimmung mit Deadline (permanent bis zum Stichtag)
- Abstimmung mit Quorum (permanent bis zum Erreichen einer bestimmten Zustimmung)
- klassische Abstimmung (einmalig alle vier Jahre (Nutzen unklar, aber weniger Aufwand))
2. Inhaltliche Begrenzung: Auswahl nur zwischen wenigen „Komplettpaketen"
- Mit LD können User nach Belieben über einzelne Gesetze selbst abstimmen (direkte Demokratie), und in Bezug auf andere Gesetze (oder Bündeln von Gesetzen) ihre Stimme an jemand anderen delegieren (repräsentative Demokratie).
- Beispiel: X erhält meine Stimme für alle Abstimmungen im Bereich Ökologie, Y für alle Abstimmungen im Bereich Steuern und das Bündnis „Greenpeace" erhält meine Stimme für alle Abstimmungen, die für das Bündnis-Ziel wichtig sind.
3. Partizipatorische Begrenzung: Ausarbeitung von Gesetzen
- Mit LD kann jede Wähler/in auch an jedem Gesetzestext u. a. mitarbeiten. Es ist gemeinschaftliches Schreiben (nach dem Wikipedia-Prinzip), kombiniert mit Stimmengewichtung. Jede Wähler/in kann also gute Ideen einbringen und um Stimmen für diese werben.
4. Konkrete Umsetzung
- Liquid Democracy wird zurzeit konkret in der Software „Adhocracy" umgesetzt.

Das Jubeljahr (für alle öffentlichen Haushalte)

Das Jüdische Jubeljahr begann immer an Jom Kippur, am 10. Tag des Tischri, und wurde mit Posaunen im ganzen Land verkündigt. Während des ganzen Jahres musste alle Feldarbeit ruhen, auch wurden die hebräischen Sklaven ohne Unterschied freigelassen; verkaufte und verpfändete Grundstücke (Häuser in ummauerten Städten und dem Heiligtum gelobte Äcker ausgenommen) kamen ohne Entschädigung aus fremden Händen wieder an den ursprünglichen Besitzer oder seine rechtmäßigen Erben zurück, und alle Schulden wurden erlassen.

Der Hauptzweck dieser Einrichtung war, die von Moses beabsichtigte Gleichheit unter den Güterbesitzern zu erhalten: Das Jubeljahr sollte gewissermaßen eine Wiedergeburt des ganzen Staats bewerkstelligen.

Luther übersetzte (3 Mos. 25,8 ff.) das Wort als *Halljahr* und *Erlassjahr*. Bei den Hebräern wurde nach sieben *Sabbatjahren* (also 7 x 7 Jahren = 49 Jahren) ein Jubeljahr ausgerufen – gemäß 3. Moses 25,10: „Und ihr sollt das fünfzigste Jahr heiligen und sollt eine Freilassung ausrufen im Lande für alle, die darin wohnen."

Im Fünfzigsten Jahr werden alle öffentlich angefallenen Schulden wieder auf „Null" gesetzt. Mit Einführung der „MONETATIVE" dürfte dies zwar faktisch nicht mehr notwendig sein, doch gilt diese Norm zur Vorbeugung.

Ob eine entsprechende Regelung auch für den Privatbereich eingeführt wird, bedarf der intensiven öffentlichen Diskussion.

Es handelt sich hier nur um eine Stichwortsammlung, die selbstverständlich der detaillierten Ausarbeitung bedarf.

(Joachim Sikora, geb. 1940, Direktor a.D. des KSI in Bad Honnef, Dipl.-Volksw. und Dipl.-Pädagoge, Schwerpunkt Erwachsenenbildung)

Jochen Theurer, Dr.: Die Ablösung des Grundgesetzes durch Art. 146 GG[11] - Zusammenfassung und Ergebnis

1. Anlass und Ausgangspunkt dieser Arbeit war die Frage:

Kann eine beliebige Person oder Gruppe, unabhängig der Mitwirkung politischer Parteien oder staatlicher Organe, eine das Grundgesetz ablösende, neue Verfassung in Kraft setzen?

2. Im ersten Teil wurde gezeigt, dass eine Verfassung ein System von Sollenssätzen ist, das nicht aus einer positiven Norm abgeleitet und in einem einheitlichen Dokument zusammengefasst ist, sowie Bestimmungen zur Verteilung und Ausübung der Staatsgewalt, insbesondere des obersten Machtträgers, enthält.

3. Aufgrund ihres normativen Charakters ist eine neue Verfassung dann in Kraft gesetzt, wenn sie von den auf dem Gebiet der Bundesrepublik Deutschland lebenden Menschen „im Großen und Ganzen" befolgt und angewendet wird.

4. Unter der Prämisse, dass die Person oder Gruppe, welche die neue, das Grundgesetz ablösende Verfassung in Kraft setzen will, weder über die tatsächliche Macht verfügt, die Menschen zur Befolgung der neuen Verfassung zu zwingen, noch über die Möglichkeit, auf den Willen der Menschen mit Mitteln einzuwirken, die über das hinausgehen, was in der politischen Auseinandersetzung auf dem Gebiet der Bundesrepublik Deutschland derzeit grundsätzlich möglich ist und praktiziert wird, kommt von den (in der Einleitung) dargestellten möglichen Gründen normgemäßen Verhaltens nur die Internalisierung in Betracht. Um eine neue Verfassung in Kraft zu setzen, muss die Person oder Gruppe folglich die auf dem Gebiet der Bundesrepublik Deutschland lebenden Menschen von der „Richtigkeit", d. h. der Legitimität dieser neuen Verfassung überzeugen.

---

[11] Theurer, Jochen Dr., Die Ablösung des Grundgesetzes durch Art. 146 GG, Verlag Kovac, Hamburg 2011

5. Wie (im zweiten Teil) erläutert, ist Verfassungsgebung ein rein tatsächlicher, außerrechtlicher Vorgang. Um die Menschen von der Legitimität der neuen Verfassung zu überzeugen, kann daher nicht auf ihr legales Zustandekommen verwiesen werden. Es gibt weder positivrechtliche noch überpositive Normen, die die Entstehung einer Verfassung regeln und von denen diese ihren Geltungsanspruch ableiten kann.

6. Da sowohl der Grundsatz der prinzipiellen Gleichheit und Freiheit aller Menschen, als auch das Prinzip der Volkssouveränität zum jetzigen Zeitpunkt auf dem Gebiet der Bundesrepublik Deutschland allgemein anerkannt sind, ist davon auszugehen, dass die hier lebenden Menschen eine neue Verfassung jedenfalls dann für legitim erachten, wenn diese dem Volk mittels eines verfassungsgebenden Aktes, der den unter Ziff. 7 a) und b) beschriebenen Anforderungen genügt, zugerechnet werden kann. Dies gilt selbst dann, wenn schon bzw. noch eine „intakte" Verfassung existiert.

7. An den verfassunggebenden Akt ergeben sich dabei folgende Anforderungen:

a) Träger der verfassunggebenden Gewalt muss das Volk sein, welches sich aus der Summe aller Staatsangehörigen zusammensetzt. Im Rahmen der Verfassungsgebung genügt es jedoch, nur die Aktivbürger zu berücksichtigen, sofern diese den überwiegenden Teil des Staatsvolks ausmachen. Dies ist der Fall, wenn zumindest alle erwachsenen, nicht geisteskranken Staatsangehörigen am verfassunggebenden Akt beteiligt werden.

b) Für den verfassunggebenden Akt ist kein bestimmtes Verfahren vorgeschrieben. Es muss jedoch sichergestellt sein, dass die neue Verfassung real auf den Willen des Volkes zurückgeführt werden kann. Dies setzt voraus, dass die Aktivbürger ihren Willen ausdrücklich und durch positives Handeln und frei von unzulässigem Druck äußern. Praktisch möglich sind die Verfahren Plebiszit, Repräsentativverfahren und das Eintragen in Unterschriftsbögen. Erforderlich und ausreichend ist jeweils, dass sich die absolute Mehrheit der Aktivbürger für den vorgelegten Verfassungsentwurf ausspricht. Wer den Entwurf ausarbeitet, ist unerheblich.

c) Die neue Verfassung unterliegt keinen inhaltlichen Bindungen. Es ist also insbesondere nicht erforderlich, dass sie Grundrechte enthält oder Gewaltenteilung und Demokratie gewährleistet. Entscheidend ist allein, dass die Aktivbürger der neuen Verfassung im Rahmen des verfassunggebenden Aktes zustimmen.

8. Das Verfahren für den verfassunggebenden Akt sowie die konkrete Ausgestaltung (Zeit, Ort, Verfassungsentwurf, Aktivbürgerschaft etc.) kann von einer beliebigen Person oder Gruppe festgelegt und organisiert werden. Dabei müssen jedoch die unter Ziff. 7 a) und b) beschriebenen Anforderungen eingehalten werden.

9. Der von einer beliebigen Person oder Gruppe initiierte verfassunggebende Akt kann bzw. darf nur dann von den verfassten Gewalten verhindert oder sanktioniert werden, wenn er aus Sicht der alten Verfassung illegal ist. Dabei ist zu beachten, dass ein verfassunggebender Akt per se nie illegal sein kann. Der Verfassungsgeber kann aber in der alten Verfassung anordnen, dass die verfassten Gewalten jede künftige Verfassungsgebung verhindern sollen. Eine solche Anordnung ergibt sich jedoch nicht bereits konkludent aus der Existenz von Revisionsvorschriften. Anders ist der Fall, wenn die alte Verfassung selbst einen Ablösungsvorbehalt enthält. Erfüllt eine künftige Verfassungsgebung den Tatbestand des Ablösungsvorbehalts, ist sie aus Sicht der alten Verfassung legal. Genügt sie den Anforderungen des Ablösungsvorbehalts nicht, ist sie illegal und muss von den verfassten Gewalten verhindert werden.

10. Das Grundgesetz enthält in Art. 146 einen Ablösungsvorbehalt. Die Vorschrift hat weder bloß deklaratorischen Charakter, noch ist sie verfassungswidrig. Insbesondere hat der verfassungsändernde Gesetzgeber mit Art. 146 GG n.F. keine neue Regelung über das Außerkrafttreten des Grundgesetzes geschaffen, so dass auch kein Verstoß gegen die Kompetenzordnung vorliegt. Die in Art. 146 GG a.f. nach allgemeiner Auffassung enthaltene Ablösungsmöglichkeit war zum Zeitpunkt der Neufassung weder verbraucht, noch wegen des Beitritts der DDR gemäß Art. 23 GG a.f. unanwendbar geworden. Entgegen der Vorstellung von Bundesregierung und SPD schreibt Art. 146 GG n.F. den in Art. 146 GG a.f. unstreitig enthaltenen Ablösungsvorbehalt inhaltlich unverändert fort.

11. Ein verfassunggebender Akt, der den unter Ziff. 7 a) und b) beschriebenen Anforderungen genügt, erfüllt zugleich den Tatbestand von Art. 146 GG:

a) Aus Art. 146 GG ergeben sich insoweit keine weitergehenden inhaltlichen Anforderungen an den Begriff der „Verfassung".

b) Zum „deutschen Volk" gehören alle deutschen Staatsangehörigen, nicht jedoch die Statusdeutschen im Sinne von Art. 116 Abs. 1 GG.

c) Für den „Beschluss" ist kein bestimmtes Verfahren zwingend vorgeschrieben, jedoch sind die nach der Lehre von der verfassunggebenden Gewalt möglichen Verfahren (Plebiszit, Repräsentativverfahren und Eintragen in Unterschriftsbögen) alle zulässig.

d) Eine „freie Entscheidung", d.h. frei von äußerem und innerem Zwang, ist derzeit gewährleistet. Eine unzulässige Beeinflussung durch Private kann mit Hilfe der bestehenden Rechtsordnung verhindert werden. Sofern sich die Beteiligung am „Beschluss" bzw. dem verfassunggebenden Akt auf Tätigkeiten beschränkt, die sich im Rahmen des bislang „politisch Üblichen" halten, sind nach der derzeit geltenden Rechtslage auch keine staatlichen Sanktionen möglich. Insofern sind weder die Verfassungsschutznormen des Grundgesetzes, noch das Polizeirecht oder das Strafrecht einschlägig.

13. Da ein verfassunggebender Akt, der den unter Ziff. 7a) und b) beschriebenen Anforderungen genügt, zugleich den Tatbestand des in Art. 146 GG n.F. enthaltenen Ablösungsvorbehalts erfüllt, ist er aus Sicht des Grundgesetzes legal und kann bzw. darf von den verfassten Gewalten nicht verhindert werden.

14. Die Ausgangsfrage lässt sich daher wie folgt beantworten:

Ja, eine beliebige Person oder Gruppe kann, unabhängig von der Mitwirkung politischer Parteien oder staatlicher Organe, eine das Grundgesetz ablösende, neue Verfassung in Kraft setzen. Dazu ist erforderlich, dass sie einen verfassunggebenden Akt initiiert und herbeiführt, der den in Ziff. 7. a) und b) beschriebenen Anforderungen genügt.

(Dr. Jochen Theurer ist als freiberuflicher Anwalt tätig.)

ANHANG

Traueransprache für Erhard O. Müller von Heiko Lietz

Berlin, den 23. Juni 2008

Liebe Familienangehörige, liebe Freundinnen und Freunde, liebe Trauergäste,

wir sind heute zusammengekommen, um uns von ihrem Bruder, unserem Freund und Weggefährten Erhard Otto Müller zu verabschieden und ihm das letzte Geleit zu geben.

Es waren für ihn 53 bewegende Jahre, die er sehr intensiv durchlebte und gestaltete und die, für uns alle immer noch unfassbar, je endeten.

Geboren wurde er am 20. März 1955 in Bünde in Ostwestfalen als 4. von 6 Geschwistern. Kurz nach seiner Geburt zogen seine Eltern auf den Wittekindshof am Rande von Bad Oeynhausen um, wo sein Vater die Leitung einer diakonischen Einrichtung übernahm.

Intensive Eindrücke aus der Familie prägten schon früh seinen Weg und hinterließen nachhaltige Spuren in seinem Leben. Einer seiner Großväter war ein anerkannter Theologieprofessor, der andere besaß eine evangelische Buchhandlung. In seinem Elternhaus kam er schon ganz früh mit der Musik in Berührung, war sein Vater doch unter anderem auch als Organist tätig und ein Klavier immer in der Nähe. Dank seiner großen musikalischen Begabung versuchte er sich schon früh selber am Klavier und beglückte mit seinen Klaviereinlagen später viele Freunde und unterschiedlichste Zusammenkünfte, wo immer gerade ein Klavier herumstand.

Auch seine zunehmende Widerstandsfähigkeit und Widerstandsbereitschaft gegenüber ungerechten Verhältnissen konnte er schon im häuslichen Umfeld einüben. Denn widerständig waren sie alle: Seine Großeltern im 3. Reich in der bekennenden Kirche und seine Eltern später dann im Kampf gegen die Wiederaufrüstung und ihrem Engagement im Internationalen Versöhnungsbund. Und widerständig waren auch seine älteren Brüder, die ihn schon früh im politischen Kampf um Frieden und Gerechtigkeit bei den Ostermärschen mitnahmen.

In Bad Oeynhausen ging E.O.Müller zur Schule und machte dort 1974 auch sein Abitur. Als Schulsprecher setzte er sich schon früh auch für die Belange anderer ein. Sein Studium nahm er anschließend in Bielefeld auf, wo er sich den Sozialwissenschaften zuwandte. Um sein Studium selber finanzieren zu können, führte er u.a. Deutschkurse für ausländische Studenten durch und knüpfte dabei viele internationale Kontakte. Zeitweise arbeitete er auch als wissenschaftlicher Mitarbeiter an der Universität.

In diese Zeit fiel auch der Beginn der großen blockübergreifenden Friedensbewegung. Besonders engagierte er sich in der Anti –Atom-Kraft- Bewegung. In Grone, einem Ort der Auseinandersetzungen, nahm er an vielen Protestaktionen teil. Während dieser Zeit gründete sich die Antiparteienpartei der GRÜNEN und E.O.M war als Gründungsmitglied in Nord-Rheinwestfalen von Anfang an mit dabei.

Seine große Stunde kam, als die westdeutschen GRÜNEN und die ostdeutschen Bürgerbewegungen nach der friedlichen Revolution einen fähigen Moderator suchten, um eine gemeinsame Liste für die ersten gesamtdeutschen Wahlen zum Bundestag im Dezember 1990 aufzustellen.

Dafür war bei den sehr unterschiedlichen Interessenlagen und politischen Sozialisationen in West- bzw. Ostdeutschland ein besonderes Fingerspitzengefühl erforderlich. Mit großem Geschick meisterte E.O. diese Aufgabe. Dabei machte er das erste Mal auch nähere Bekanntschaft mit vielen Vertretern der Bürgerbewegung und mit ihren Ideen, die von einem ganz anderen, für ihn aber sehr anregenden politischen und kulturellen Hintergrund kamen. Immer mehr freundete er sich mit diesen Ideen und mit deren politischen Praxis an. Besonders fasziniert war er dabei von dem Modell des interessenvermittelnden Runden Tisches. In ihm fand er am ehesten auf der politischen Ebene wieder, was er als komplementäres Denkmodell immer stärker favorisierte: Harmonie statt Trennung, Miteinander statt Gegeneinander, Liebe statt Hass. Er sprach dabei auch von einem neuen Bewusstsein, das sich aus den alten Denkmodellen herauskristallisierte und einen neuen gesellschaftlichen Anfang möglich machen könnte. Und so war es nicht verwunderlich, dass er bei der Gründung der ehemaligen ostdeutschen Bürgerbewegungen zu BÜNDNIS 90 im September 1991 als einziger Westdeutscher für den ersten Bundesvorstand kandidierte und auch gewählt wurde. Aber neben dieser politischen Arbeit im engeren Sinne verstärkte er immer mehr seine Aktivitäten bei der Moderation sich immer neu bildender Runder Tische auf den verschiedensten Ebenen. Seit Mitte der 90-er Jahre gab es hier ein immer größeres Betätigungsfeld. Der Agenda 21-Prozess wurde immer gesellschaftswirksamer. Und er bedurfte kluger und weitsichtiger Moderation, die getragen wurde von der Vision einer zukunftsfähigen und nachhaltigen gesellschaftlichen Entwicklung. Um diese Herausforderungen in einem öffentlichen gesellschaftlichen Diskurs zu artikulieren, gründete entweder selber zusammen mit anderen Mitstreitern Zeitschriften wie etwa das „BÜNDNIS

2000" oder das „forum bürgerbewegung" oder wurde z.B. in „Zukünfte" als verantwortlicher Redakteur mit deren Herausgabe betraut. Immer ging es um die Frage, wie mehr Bürgerinnen und Bürger an den politischen Entscheidungsprozessen beteiligt werden können und wie der gesellschaftliche Dialog am besten gestaltet werden kann.

Aber neben diesen Aktivitäten galt sein Interesse noch ganz anderen Dingen. Er versuchte immer wieder, auch ganz praktische Modelle für ein gutes Zusammenleben einander verfeindeter Gruppen zu erproben.

Eines seiner Projekte siedelte er in Cypern an. Auf der Grenze zwischen den verfeindeten Volksgruppen der Griechen und Türken wollte er eine Schule gründen, in der griechische und türkische Kinder zusammen lernen und leben sollten.

Ein anderes Modell war in Slowenien zu Hause. Auf der Burg Borl gründete er mit anderen aus verschiedenen Nationen den Verein IdriArt und organisierte mit ihnen Sommerlager für Jugendliche aus den verfeindeten Balkanländern. Hier sollten sie Möglichkeiten eines friedlichen und vertrauensvollen Zusammenlebens einüben.

Er wollte sich nicht damit abfinden, dass Menschen, die von unterschiedlichen Kulturen, Religionen oder Ideologien geprägt waren, nicht neue Formen des friedlichen und toleranten Zusammenlebens finden können.

In den letzten Jahren tauchen immer stärker Fragen in ihm auf, die weit über den politischen und gesellschaftlichen Alltag hinausreichten. In einer der letzten Ausgaben der „Zukünfte" hat sich E.O.Müller ihnen zugewendet und uns damit einen tiefen Einblick in seine Gedanken- und Gefühlswelt gegeben. Es ist die Veröffentlichung von Thesen, die er im Rahmen des bundesweiten Arbeitskreises Konsum und Lebensstile das erste Mal zur Diskussion stellte.

Er stellte darin fest, dass wir Menschen ganz offensichtlich ein Urbedürfnis bzw. eine Sehnsucht danach haben, uns in einem größeren Ganzen aufgehoben zu fühlen. Ohne eine Rückbindung an das Ganze, wie er religio in seiner ursprünglichen Weise beschreibt, gibt es keine Verantwortung mehr, so dass letzte Werte ins Wanken geraten und das Gewissen seinen inneren Kompass verliert. Dabei kann diese Rückbindung individuell sehr unterschiedlich erlebt werden: als eine Intuition, als Offenbarung, als Ekstase, Askese oder als Grundgefühl, als eine ursprüngliche Erfahrung, als innere Anschauung oder Meditation.

Deswegen plädiert er für ein neues, auf die Ganzheit des Kosmos bezogenes Weltbild, das auf einen neuen, zeitgemäßen Zugang zur Spiritualität angewiesen ist.

Mit diesem Plädoyer hat uns E.O. Müller etwas weit in die Zukunft Weisendes hinterlassen, das uns alle zu neuen und weiterführenden Gedanken und Handlungen in eine friedlichere und zukunftsfähigere Welt veranlassen könnte.

Auf der Suche nach seinen Antworten auf die großen Herausforderungen unserer Zeit hat er sich dabei selber wenig geschont. Er nahm kaum Rücksicht auf sich und seinen Körper und auf die Signale, die er immer wieder auch von ihm empfing. Er war wie eine Kerze, die sich in seiner Aufgabe ohne Rücksicht mehr und mehr verzehrte, bis sie die absolute Grenze berührte. Und er beendete seine Leben weit weg von dem ihm vertrauten Berlin, in einem fremden Hotel in Riga, ohne Nähe und Begleitung von Freunden und Verwandten.

Einen Artikel, der dem Rückblick auf 10 Jahre Gründung des BÜNDNIS 90 gewidmet war, überschrieb E.O.Müller mit den Worten: Unvollendet abgebrochen.

Jetzt im Anblick seiner viel zu frühen Todes könnten wir dies auch als Überschrift über dieses tragische Geschehen wählen: Vieles, was er noch wollte und was er mit vielen anderen zusammen auf einen guten Weg gebracht hat, kann er nicht mehr weiterführen. Aber alles, was er zurückgelassen und uns mit auf unseren Weg gegeben hat, ist so umfangreich, dass wir ihm dafür von ganzem Herzen dankbar seien können.

Inhaltsverzeichnis „Visions-Reader" (Band I) (ISBN 3-927566-31-1 noch über Amazon zu beziehen!

AUTORENVERZEICHNIS

Butterwegge, Christoph

Felber, Christian

Grünenberg, Reginald

Heinrichs, Johannes

Hopkins, Rob

Hülkenberg, Josef

Huber, Joseph

Jackson, Tim

Kruse, Jörn

Liebers, Ralf

Lorenz, Jarass

Müller, Erhard O.

Paech, Niko

Sikora, Joachim

Stransfeld, Reinhard

Theurer, Jochen

LITERATURHINWEISE (Auswahl)

- Butterwegge, Christoph, Krise und Zukunft des Sozialstaates, 4., erweiterte Auflage, VS Verlag für Sozialwissenschaften, Wiesbaden 2006

- Butterwegge, Christoph: Armut in einem reichen Land. Wie das Problem verharmlost und verdrängt wird, 3. Aufl. Frankfurt am Main/New York (Campus Verlag) 2012

- Butterwegge, Christoph/Lösch, Bettina/Ptak, Ralf: Kritik des Neoliberalismus, 2. Aufl. Wiesbaden (VS – Verlag für Sozialwissenschaften) 2008

- Butterwegge, Christoph: Krise und Zukunft des Sozialstaates, 4. Aufl. Wiesbaden (VS – Verlag für Sozialwissenschaften) 2012

- Felber, Christian, Gemeinwohl-Ökonomie – Erweiterte Neuausgabe, Wie 2012

- Felber, Christian, Retten wir den Euro, Wien 2012

- Graeber, David, Schulden – Die ersten 5.000 Jahre, Klett-Cotta, 5. Auflage, Stuttgart 2012

- Grünenberg, Reginald, Das Ende der Bundesrepublik 2.0, Berlin 2010

- Guggenberger, Bernd, Stein, Tine,(Hg.) Die Verfassungsdiskussion im Jahr der deutschen Einheit, München 1991

- Hessel, Stéphan, Empört Euch! und Engagiert Euch!

- Horx, Matthias, Das Megatrend Prinzip – Wie die Welt von morgen entsteht, München 2011

- Hülkenberg, Josef, Empörung allein schafft kein Gemeinwohl – Reflexionen und Impulse abseits betreuten Denkens, tredition, 2012

- Huber, Joseph, Das GG-Szenario – 159 Artikel für einen neuen Gesellschaftsvertrag, Frankfurt a.M 2005

- Jackson, Tim, Wohlstand ohne Wachstum – Leben und Wirtschaften in einer endlichen Welt, München 2011

- Jarass, Lorenz: Steuermaßnahmen zur nachhaltigen Staatsfinanzierung, © 2012 Münster

- Jensen, Annette, Wir steigern das Brutto-Sozial-Glück – Von Menschen, die anders wirtschaften und besser leben, Freiburg 2011

- Kennedy, Margrit, Occupy Money – Damit wir zukünftig alle die Gewinner sind, 1. Auflage 2011

- Kennedy, Margrit, Lietaer, Bernard, Regionalwährungen – Neue Wege zu nachhaltigem Wohlstand, 1. Auflage 2004

- Kruse, Jörn, Eine Demokratische Reformkonzeption: Mehr Einfluss für die Bürger und mehr Fachkompetenz und Langfristigkeit bei politischen Entscheidungen, Diskussionspapier www.hsu-hh.de/kruse (2011)

- Kruse. Jörn, Die Politik demokratischer, kompetenter und nachhaltiger machen – Eine Demokratische Reformkonzeption, Diskussionspapier (2012)

- Leggewie, Claus, Mut statt Wut – Aufbruch in eine neue Demokratie, Hamburg 2011

- Opaschowski, Horst W., Der Deutschlandplan – Was in Politik und Gesellschaft getan werden muss, Gütersloh 2011

- Roth, Roland, Bürgermacht – Eine Streitschrift für mehr Partizipation, Hamburg 2011

- Rügemer, Werner, Rating-Agenturen – Einblicke in die Kapitalmacht der Gegenwart, Bielefeld 2012

- Rügemer, Werner, „Heuschrecken" im öffentlichen Raum – Public Private Partnership – Anatomie eines globalen Finanzinstruments, Bielefeld 2008

- Rügemer, Wener, Die Berater – Ihr Wirken in Staat und Gesellschaft, Bielefeld 2004

- Sikora, Joachim, Vision einer Tätigkeitsgesellschaft – Neue Tätigkeits- und Lebensmodelle im 3. Jahrtausend, 2. Auflage, Bad Honnef, 2002

- Sikora, Joachim, Hoffmann, Günter, Vision einer Gemeinwohl-Ökonomie – auf der Grundlage einer komplementären Zeit-Währung, Bad Honnef, 2001

- Sikora, Joachim, Hoffmann, Günter, Vision eines „Regionalen Aufbruchs", Bad Honnef 2005

- Sikora, Joachim (Hg.) Vision-Reader (Band I) – Von der gesellschaftlichen Vision zur politischen Programmatik, Bad Honnef2004

- Sikora, Joachim, Handbuch der Kreativ-Methoden, 2. Auflage, Bad Honnef 2001

- Surowiecki, James, Die Weisheit der Vielen, 2. Auflage, München 2005

- Theurer, Jochen, Die Ablösung des Grundgesetzes durch Art. 146 GG, Hamburg 2011

- Verein Monetäre Modernisierung (Hg.), Die Vollgeld-Reform – Wie Staatsschulden abgebaut und Finanzkrisen verhindert werden können, 2. Auflage 2012

Internethinweise (Auswahl)

www.initiative-verfassungskonvent.de

www.visionsofpolitics.de

www.joachimsikora.de

www.huelkenberg.de

www.regionaler-aufbruch.de

www.grundeinkommen.de

www.bedingungslos.ch

www.gemeinwohl-oekonomie.org

www.postwachstumsoekonomie.org

www.christian-felber.at

www.demokratische-bank.at

www.monetative.de / org

www.vollgeld.ch

www.jarass.com

www.netz-vier.de

www.johannesheinrichs.de

www.reginald-gruenenberg.de

Blog: gruppe48.wordpress.com

www.:hsu-hh.de/kruse

www.ende-der-bundesrepublik.de

www.ob-in-spe.de

www.mehr-demokratie.de

www.hsu-hh.de/kruse
www.bpb.de

INITIATIVE-VERFASSUNGSKONVENT

Unser Anliegen

Demokratie! Nein Danke?

In einer Demokratie sollte alle Macht vom Volke ausgehen. Doch für immer weniger Menschen ist dieser Grundsatz reale Erfahrung. Das Unbehagen an der praktizierten Demokratie ist weitverbreitet.

In moderner, wertepluraler Gesellschaft führt die Fülle tages-, wirtschafts- oder grundsatzpolitischer Fragen zu einer paradoxen Situation:

- Wählerrückgang und Mitgliederschwund kennzeichnen den Weg ehemaliger Volksparteien zu Machterhalt- oder Machterringungsoligarchien.

- Parteien, zur „Mitwirkung an der politischen Willensbildung" berufen, benehmen sich als alleinige „Träger politischer Willensbildung", ohne deren Kontrolle nichts möglich ist, am wenigsten ihrem Gewissen verpflichtete Abgeordnete. Die gesellschaftliche Realität zeigt, dass das Prinzip der „repräsentativen" Demokratie an seine Grenzen stößt und der Ergänzungen bedarf.

- Die politisch-ökonomische Plünderung der Gemeinwesen geht ungebremst weiter. Sie wird noch gehemmt vom zivilgesellschaftlichen, zumeist ehrenamtlichen Engagement Millionen Bundesbürger und Bürgerinnen in den Regionen des Landes. Deren Engagement und Projekte bilden den „sozialen Kitt", der unser Gemeinwohl trotz aller neoliberalen Reformen derzeit noch halbwegs zusammenhält.

- Eine von der Rendite-Ideologie getriebene „Ökonomie" schwingt sich zur Herrschaft über das gesamte gesellschaftliche Leben auf. Ethische Appelle und Prämissen missachtend, opfert sie soziale und kulturelle Leistungen und bedient sich des Rechtssystems zur Absicherung ihrer Beutezüge.

- Analysen und Alternativkonzepte liegen zuhauf vor und werden, soweit überhaupt wahrgenommen, in öffentlichen und fachlichen Diskursen zerrieben, statt zu wirksamen Veränderungen zu führen.

Die Situation ist derart verfahren, dass wir nur in einem neuen Aufbruch den Weg in eine humane Zukunft sehen.

Demokratie weiterdenken und entwickeln!

Es war einst ein epochaler Schritt zur Begrenzung feudaler Herrschaft:

- Beteiligung der Bürger über Parlamente,
- Gewaltenteilung,
- „Macht auf Zeit" durch Wahl.

Heute zeigt das Volk seine Reife. Der nächste Schritt ist nun überfällig: die demokratische Souveränität des Volkes! Stattdessen erleben wir eine schwere Krise der Demokratie.

Initiative- Verfassungskonvent

Mit der Initiative zu einem Verfassungskonvent lösen wir uns von den zumeist unwirksamen Debatten um die vielfältigen politischen Forderungen und Entwürfe.

Wir konzentrieren uns auf die Frage nach einem Verfahren politischer Willensbildung und politischer Entscheidung, welches dem Anspruch moderner Demokratie ebenso wie zeitgemäßen Einsichten über den Menschen gerecht wird.

Unsere Kernfragen an den Konvent:

- Welche Verfassungsregeln braucht es, dass demokratische Willensbildung und politische Entscheidungen dem Anspruch der Menschenwürde und dem Gemeinwohl dienen?
- Welche Verfassungsregeln braucht es, um basisdemokratische sowie regionale Ansprüche, repräsentativen Parlamentarismus und demokratische Kontrolle optimal zu verbinden?

Gemeinsam mit kompetenten Bürgerinnen und Bürgern, die sich in den unterschiedlichen Sachbereichen der Gesellschaft politisch-sozial engagieren, wollen wir diese Fragen prüfen und dem deutschen Volk einen Verfassungsentwurf zum Referendum gemäß Art. 146 GG vorlegen.

Art. 146 GG

„Dieses Grundgesetz, das nach Vollendung der Einheit und Freiheit Deutschlands für das gesamte deutsche Volk gilt, verliert seine Gültigkeit an dem Tage, an dem eine Verfassung in Kraft tritt, die von dem deutschen Volke in freier Entscheidung beschlossen worden ist."

INITIATIVE-VERFASSUNGSKONVENT

Von der Empörung zur Staatsverantwortung –

Bürger-Aufbruch für eine deutsche Verfassung

Unser Land, die Bundesrepublik Deutschland, erleben wir als Bürgerinnen und Bürger in einer eigenartigen Verfassung:

- Statt dem Amtseid entsprechend „des Volkes Wohl zu mehren", erschöpfen sich Parteien und Regierungen in der „Beruhigung der Märkte".

- Soziale und kulturelle Errungenschaften unseres Volkes werden globaler ökonomischer Spekulation geopfert, Versorgungseinrichtungen und Infrastrukturen veräußert, immer mehr Menschen in prekäre Lebensverhältnisse gedrängt.

- Mit dem zur Entscheidung anstehenden Europäischen Stabilitätsmechanismus (ESM) werden nicht nur astronomische Geldsummen an die Banken übertragen, sondern zugleich demokratische Rechte und Strukturen ausgehebelt.

Wir sind empört, denn wir lieben unser Land und wollen es nicht dem Raubzug der Spekulanten und Casino-Banken preisgeben.

Doch „Zorn und Unzufriedenheit reichen nicht; so etwas muss praktische Folgen haben" (Bertolt Brecht).

Wir wollen die sozialethischen Werte Solidarität und Gemeinwohl in unserem Volk fördern und sichern, sie neu als Politik und Bürger verpflichtende Staatsziele verankern.

Es ist Zeit, das seit 1949 als „Grundgesetz" geltende Provisorium endlich durch eine vom Volk in freier Entscheidung beschlossene Verfassung abzulösen. Dazu fordert uns der Art. 146 dieses Grundgesetzes auf.

Solche Verfassung kann aber erst dann vom Volk getragen und mit Leben erfüllt werden, wenn sie in einem breiten, jedem Bürger zugänglichen Dialogprozess entwickelt wird.

Zu einem solchen breiten Dialog rufen wir unsere Mitbürgerinnen und Mitbürger auf:

- Sprechen Sie mit Ihren Freundinnen und Freunden, Familien, Nachbarn, Kolleginnen und Kollegen über Vorstellungen von einer solidarischen, am Gemeinwohl orientierten Gesellschaft.

- Bilden Sie Gesprächsgruppen, um Vorschläge für die Rahmenbedingungen solch einer Gesellschaft zu entwickeln.

- Sind Sie bereits politisch, sozial oder kulturell engagiert, um zum Gemeinwohl beizutragen, dann prüfen Sie bitte mit Ihren Mitstreitenden, welche Rahmenbedingungen Ihr Anliegen behindern und wie förderliche Regelungen aussehen könnten.

- Bitte bringen Sie sich, Ihre Anliegen und Anregungen in den als Bürgerdialog angelegten Verfassungskonvent ein: www.initiative-verfassungskonvent.de und www.visionsofpolitics.de

Als Bürgerinnen und Bürger dieser Bundesrepublik wollen wir mit der „Initiative Verfassungskonvent" eine Bürgerbewegung anstoßen. Unser Ziel ist eine Verfassung, die Solidarität, Gerechtigkeit und Gemeinwohl garantiert.

Art. 146 GG

„Dieses Grundgesetz, das nach Vollendung der Einheit und Freiheit Deutschlands für das gesamte deutsche Volk gilt, verliert seine Gültigkeit an dem Tage, an dem eine Verfassung in Kraft tritt, die von dem deutschen Volke in freier Entscheidung beschlossen worden ist."

Erstunterzeicher: Hermann-Julius Bischoff, Schwäbisch-Hall; Udo Blum, Schmitten; Petra Bröscher, Selm; Ulrike Brüne-Rottner, Hilden; Otmar Donnenberg, Weil am Rhein; Dr. Walther Enßlin, Hilden; Theo Goebel, Selm; Dr. Walter Häcker, Winterbach; Josef Hülkenberg, Köln;

Prof. Dr. Margrit Kennedy, Steyerberg; Annette Kohlmey, Bonn; Dr. Anne Meurer, Aachen; Dr. Dieter Petschow, Langenhagen; Claus Plantiko, Bonn; Brigitte Sandner, Winnemark; Joachim Sikora, Troisdorf; Angela Trimper, Hamburg

Bad Honnef, Ostern 2012

VISIONS OF POLITICS

Liebe Besucherinnen und Besucher,
herzlich Willkommen bei „**Visions of Politics**".
Unser ‚Haus Deutschland' ist in die Jahre gekommen, mehr als 60! Es hat uns lange sehr gute Dienste geleistet – aber wäre es jetzt nicht an der Zeit, an eine Renovierung zu denken, oder gar an einen Neubau? Was hat sich nicht alles verändert – wirtschaftlich, technologisch, sozial, politisch – außerdem haben wir Zuwachs bekommen. Eigentlich ist eine Grundsanierung seit 20 Jahren überfällig.
Wir laden ein, mit „visionsofpolitics" dazu Ihre Ideen und Visionen einzubringen.
Überprüfen Sie die ‚Statik' – sprich: das Grundgesetz: Machen Sie Vorschläge, wie das ‚Haus Deutschland' wieder zukunftsfähig zu machen ist. Denken Sie hier unsere Gesellschaft neu! Ihre Visionen treffen auf die anderer Akteure. Ideen treten in einen konstruktiven Wettbewerb. Kommunikation ist hier nicht Selbstzweck, sondern Erprobung. Wie viel Zustimmung bekomme ich für meine Visionen? Schafft meine Idee es in die nächste Runde? Wer unterstützt mich? Welche anderen Visionen überraschen mich? Wie vernetzen sich Ideen?
Zugleich kombinieren wir diese Seite mit der „**INITIATIVE VERFASSUNGSKONVENT**" (www.initiative-verfassungskonvent.de), zur Erarbeitung einer deutschen Verfassung nach Art. 146 GG, um das Grundgesetz, welches hervorragende Dienste geleistet hat, aber sich nicht mehr auf der „Höhe der Zeit" befindet - durch eine „von dem deutschen Volke in freier Entscheidung" beschlossenen Verfassung abzulösen.
Sie können zwar auch Ihren ‚Frust' abladen, doch vorrangig geht es bei „visionsofpolitics" um ‚Blaupausen' für eine erneuerte Gesellschaft. Renovieren wir in gemeinsamer Aktion ‚unser Haus Deutschland'! In welcher Gesellschaft wollen Sie leben? Hier können Sie ‚mitmischen'! Dabei

Gewinnen wir alle. Sie ganz persönlich! Wir wünschen Ihnen viel Spaß beim Entdecken von „Visions of Politics"

Ihr VOP-Team

Die Internetseite www.initiative-verfassungskonvent.de

umfasst auf der Startseite die Rubriken:

- Fundgrube
- Unsere Ziele
- Visionsofpolitics
- Verfassungsbeispiele
- Örtliche Initiativen
- Iteratur
- Materialien
- Links
- Kontakte
- Impressum

Der Herausgeber: Joachim Sikora

Meine „Vita" – in Kurzfassung auf den nächsten Seiten und in Langfassung auf meiner Homepage www.joachimsikora.de

Dank an alle Mitwirkenden!

VITA

- Geboren am 14. September 1940 in Berlin, verheiratet, römisch-katholisch.
- Schulbildung: 1946 bis 1955 Oberschule Praktischen Zweiges in Berlin-Charlottenburg
- Lehre: 1955 bis 1958 als Einzelhandelskaufmann
- Ausbildung: Teilnahme am 6. Jahreslehrgang (1959-1960) für katholische Arbeiter am Katholisch-Sozialen Institut der Erzdiözese Köln (KSI)
- Hochschulreife: Kursus zur Erlangung der Hochschulreife am "Berlin-Kolleg" (1960-1962)
- Studium: Volkswirtschaft und Soziologie an den Universitäten Berlin, Bonn und Köln (1962-1968); Examen als "Diplom-Volkswirt sozialwissenschaftlicher Richtung"
- Studienbegleitende Tätigkeit: Aufbau der Bibliothek und Mitwirkung an Seminarveranstaltungen am KSI in Bad Honnef
- Berufstätigkeit: 1968 bis 1970 Verbandsbildungsreferent der Katholischen-Arbeitnehmer Bewegung (KAB); 1967 bis1974 Dozent für Soziologie und Techniken des wissenschaftlichen Arbeitens am „Köln-Kolleg"; 1968 bis 1975 Mitarbeit am KSI für die Bereiche Soziologie und Erwachsenenbildung; 1972 bis 1974 Lehraufträge für Soziologie an den Fachhochschulen Köln (Fachbereich: Sozialarbeit) und Mönchengladbach (Fachbereich: Sozialwesen).
- Zweit-Studium: Erziehungswissenschaften mit dem Schwerpunkt Erwachsenenbildung (1972-1975) - Examen als "Diplom-Pädagoge".
- Auslandstätigkeit: Berater gewerkschaftlicher Bildungsprojekte in Asien für die Konrad-Adenauer-Stiftung und Landesbeauftragter für die Philippinen (1975-1979).
- Referent bei der Deutschen Stiftung für internationale Entwicklung, Zentralstelle für Auslandskunde in Bad Honnef (1979-1980).
- Studienleiter und stellvertretender Geschäftsführer der "Arbeitsgemeinschaft für Entwicklungshilfe e.V." (AGEH) in Köln (1980-1983).

- Auslandstätigkeit für die Konrad-Adenauer-Stiftung in Chile (1983-1987), Landesbeauftragter und Berater von bis zu sieben Projekten
- Referent des Internationalen Instituts der Konrad-Adenauer-Stiftung für den "Personaleinsatz Ausland" von 1987 bis 1990.
- Direktor des Katholisch-Sozialen Instituts (KSI) der Erzdiözese Köln in Bad Honnef von 1990 bis 2005.

Vielfältige ehrenamtlich Tätigkeiten: aktuell im „Forum für Kirche & Politik e.V.", in der "Bonner Initiative Soziale Zukunft" (BISZ), im "Regionalen Aufbruch" und in der „Initiative-Verfassungskonvent

Für Hinweise, Fragen, Anregungen wählen Sie bitte:
„Kontakt" auf der Internetseite
www.initiative-verfassungskonvent.de

Wenn Sie einen Gesprächskreis initiieren,
so geben Sie dies auch anderen zur Kenntnis unter:
„Netzwerke" auf der Internetseite
www.visionsofpolitics.de

Sollten Sie mich persönlich kontaktieren wollen,
so können Sie dies über meine Internetseite:
www.joachimsikora.de

Wenn Sie das politische Gespräch im Raum Bonn /
Rhein-Sieg suchen,
so schauen Sie bitte auf die Internetseite:
www.bisz-bonn.de

Sie finden mich und alle Initiativen auch auf den Seiten
der „Netzwerke": facebook, twitter, Xing etc.

Welche Ideen haben SIE für die Inhalte einer deutschen Verfassung?

Hier bitte festhalten:

www.tredition.de

Über tredition

Der tredition Verlag wurde 2006 in Hamburg gegründet. Seitdem hat tredition Hunderte von Büchern veröffentlicht. Autoren können in wenigen leichten Schritten print-Books, e-Books und audio-Books publizieren. Der Verlag hat das Ziel, die beste und fairste Veröffentlichungsmöglichkeit für Autoren zu bieten.

tredition wurde mit der Erkenntnis gegründet, dass nur etwa jedes 200. bei Verlagen eingereichte Manuskript veröffentlicht wird. Dabei hat jedes Buch seinen Markt, also seine Leser. tredition sorgt dafür, dass für jedes Buch die Leserschaft auch erreicht wird

Autoren können das einzigartige Literatur-Netzwerk von tredition nutzen. Hier bieten zahlreiche Literatur-Partner (das sind Lektoren, Übersetzer, Hörbuchsprecher und Illustratoren) ihre Dienstleistung an, um Manuskripte zu verbessern oder die Vielfalt zu erhöhen. Autoren vereinbaren unabhängig von tredition mit Literatur-Partnern die Konditionen ihrer Zusammenarbeit und können gemeinsam am Erfolg des Buches partizipieren.

Das gesamte Verlagsprogramm von tredition ist bei allen stationären Buchhandlungen und Online-Buchhändlern wie z. B. Amazon erhältlich. e-Books stehen bei den führenden Online-Portalen (z. B. iBook-Store von Apple) zum Verkauf.

Seit 2009 bietet tredition sein Verlagskonzept auch als sogenanntes "White-Label" an. Das bedeutet, dass andere Personen oder Institutionen risikofrei und unkompliziert selbst zum Herausgeber von Büchern und Buchreihen unter eigener Marke werden können.

Mittlerweile zählen zahlreiche renommierte Unternehmen, Zeitschriften-, Zeitungs- und Buchverlage, Universitäten, Forschungseinrichtungen, Unternehmensberatungen zu den Kunden von tredition. Unter www.tredition-corporate.de bietet tredition vielfältige weitere Verlagsleistungen speziell für Geschäftskunden an.

tredition wurde mit mehreren Innovationspreisen ausgezeichnet, u. a. Webfuture Award und Innovationspreis der Buch-Digitale.

tredition ist Mitglied im Börsenverein des Deutschen Buchhandels.

FSC
www.fsc.org

MIX

Papier | Fördert
gute Waldnutzung

FSC® C083411

Zeitfracht Medien GmbH
Ferdinand-Jühlke-Straße 7
99095 Erfurt, Deutschland
produktsicherheit@kolibri360.de